Zum Wohle der Witwen und Waisen

Wolfgang Feyerabend

Zum Wohle der Witwen und Waisen

Johann Friedrich Koepjohann
und die Koepjohann'sche Stiftung

be.bra
wissenschaft verlag

Gedruckt mit freundlicher Unterstützung der Koepjohann'schen Stiftung

Danksagung

Für wertvolle Anregungen, Hinweise und Hilfestellungen bei der Arbeit am Manuskript sowie für die Bereitstellung von historischen Dokumenten ist Rolf Alpers (Stadensen), Hans Bergemann (Berlin), Oberst a. D. Dieter Brand (Berlin), Ute Stefan (Koepjohann'sche Stiftung) und Henner Witt (Berlin) zu danken.

Bibliografische Information der Deutschen Nationalbibliothek
Die Deutsche Nationalbibliothek verzeichnet diese Publikation in der Deutschen Nationalbibliografie; detaillierte bibliografische Daten sind im Internet über http://dnb.d-nb.de abrufbar.

Alle Rechte vorbehalten.
Dieses Werk, einschließlich aller seiner Teile, ist urheberrechtlich geschützt. Jede Verwertung außerhalb der engen Grenzen des Urheberrechtsgesetzes ist ohne Zustimmung des Verlages unzulässig und strafbar. Das gilt insbesondere für Vervielfältigungen, Übersetzungen, Mikroverfilmungen, Verfilmungen und die Einspeicherung und Verarbeitung auf DVDs, CD-ROMs, CDs, Videos, in weiteren elektronischen Systemen sowie für Internet-Plattformen.

© be.bra wissenschaft verlag GmbH
Berlin-Brandenburg, 2013
KulturBrauerei Haus 2
Schönhauser Allee 37, 10435 Berlin
post@bebraverlag.de
Redaktion: Ingrid Kirschey-Feix, Berlin
Innengestaltung: Friedrich, Berlin
Schrift: Devanagari 11,5/14 pt
Druck und Bindung: Friedrich Pustet, Regensburg
ISBN 978-3-95410-016-3

www.bebra-wissenschaft.de

Inhalt

Vom Armen-Institut zur modernen karitativen Stiftung 7

I. Die Koepjohanns
Havelberg – Ein Blick in die Geschichte 15
Die Kurfürstliche Seeschiffswerft 18
Martin Koepjohann 23
Als Schiffbauer an der Spree 25
Am Schiffbauerdamm 29
Friedrich Koepjohann 34
Schiffbauerdamm 8 40
Der Privatmann 43
Nach dem Siebenjährigen Krieg 47
Die Sophiengemeinde 51
Das Testament 58
Das Reglement 62
Die Laackmanns 65

II. Die Koepjohann'sche Stiftung
Startschwierigkeiten 68
Erste Vermietungen 70
Die Koepjohannitinnen 73
Alltag einer Stiftung 75
Nach den Befreiungskriegen 77

Die Erbpachtverträge	82
Unter Generalpacht	85
Neue Herausforderungen	88
Erste Neubebauung des Stiftungsgrundstückes	93
Im Kaiserreich	98
In der Weimarer Republik	110
Unterm Hakenkreuz	113
Der Neuanfang	119
Die frühen Jahre in der DDR	122
Nach dem Mauerbau	129
Im »real existierenden Sozialismus«	132
Im wiedervereinten Berlin	138
Die Konsolidierung	148
»Ein Schiff bringt Hilfe«	156
Anmerkungen	165
Auswahlbibliografie	170
Personenregister	173
Abbildungsnachweis	176

Vom Armen-Institut zur modernen karitativen Stiftung

Die Koepjohann'sche Stiftung ist eine der ältesten mildtätigen Stiftungen Berlins. Sie wurde Ende des 18. Jahrhunderts von dem Schiffbaumeister Johann Friedrich Koepjohann – wenige Tage vor seinem Tod – errichtet, um arme Witwen und Waisen aus der Verwandtschaft wie auch Bürgerwitwen aus der evangelischen Sophiengemeinde in der Spandauer Vorstadt zu unterstützen.

Die Verantwortung für das Armen-Institut legte er gleichermaßen in kirchliche und weltliche Hände, um keiner Seite das alleinige Bestimmungsrecht zu überlassen. Eine Entscheidung, die der Einrichtung in mehr als 220 Jahren das Überleben gesichert hat.

Wer war Johann Friedrich Koepjohann? Sein Name ist nur noch wenigen geläufig, seine Biographie bislang nur bruchstückhaft bekannt. Im ersten Teil des Buches wird deshalb der Versuch unternommen, Herkunft und Werdegang dieser durchaus schillernden Persönlichkeit zu rekonstruieren.

Die Ursprünge der Familie liegen mütterlicherseits im oberhavelländischen Bötzow (heute Oberkrämer), väterlicherseits in Havelberg. Die Spuren führen tief in die brandenburgisch-preußische Geschichte bis hin zum Großen Kurfürsten, der in Havelberg die Kurfürstliche Seeschiffswerft eröffnen ließ. In ihr erhielt Martin Koepjohann, der Vater, unter Anleitung holländischer Fachleute augenscheinlich sein handwerkliches Rüstzeug, ehe er 1702 in die preußische Hauptstadt kam und eine eigene Schiffbauanstalt etablierte.

Hier wurde 15 Jahre später der Sohn geboren. Johann Friedrich Koepjohann verstand es nicht nur, das Erbe zu bewahren, sondern auch um ein Vielfaches zu vermehren. Ohne je eine höhere Schule besucht zu haben, gelang es ihm mit Fleiß und Geschick, die väterliche Schiffbauerei zum erfolgreichen Unternehmen auszubauen. Aber wohl kaum jemand dürfte dem Macher und cleveren Geschäftsmann, lebenslang in Rechtshändel verstrickt (darin ihm schon mal Friedrich der Große zur Seite sprang), zugetraut haben, einer der großen Wohltäter seiner Zeit zu werden.

Sophienkirche

Aus dem Siebenjährigen Krieg hatte er Gewinn gezogen, den er früh in die Erweiterung des Grundbesitzes investierte. Er erwarb das heutige Grundstück Schiffbauerdamm 8, das zum Wohn- und Stammsitz wurde. Ein Areal, zu dem damals noch Äcker und Gärten entlang der Friedrichstraße sowie der später angelegten Albrecht- und Karlstraße (heute Reinhardtstraße) gehörten. Allerdings blieb seine Ehe mit Maria Elisabeth Stahlberg kinderlos. Mit 58 Jahren verlor er die geliebte Gattin. Das alles mochte ihn bewogen haben, Teile seines Besitzes in eine Stiftung einzubringen.

Die Vermietung seines Hauses und der Liegenschaften, so hatte er es im Testament verfügt, bildete die wirtschaftliche Grundlage der Stiftung. Das weitläufige Areal wurde im Laufe des 19. Jahrhunderts in mehrere Parzellen unterteilt und Zug um Zug neu bebaut. Als letztes der heutigen Gebäude errichtete Baumeister Kurt Berndt 1904 das Wohn- und Geschäftshaus am Schiffbauerdamm 8, Ecke Albrechtstraße 13.

Eine Adresse, die sich mittlerweile bundesweiter Bekanntheit durch das hier ansässige Restaurant »Ständige Vertretung« erfreut. Im Hof drehte Regisseur Tom Tykwer Szenen seines international bekannten Films »Lola rennt«. Eigentümerin der Häuser ist nach wie vor die Stiftung. Die Überschüsse aus den Mieteinnahmen kommen bis heute karitativen Zwecken zugute.

Die seit der Wiedervereinigung eingetretenen grundlegenden Veränderungen im Sozialsystem bewirkten, dass neben den mittellosen Witwen zunehmend auch andere bedürftige Kreise von der Stiftung unterstützt werden. Die eigenen Projekte reichen vom Besuchsdienst für ältere, pflegebedürftige Menschen über Hilfen für junge Familien mit Säuglingen und Kleinkindern bis zur Betreuung von obdachlosen Frauen, Hartz IV-Empfängerinnen und Migrantinnen. Zu den geförderten Fremdprojekten gehören das ökumenische Frauenzentrum »Evas Arche«, der Kontaktladen »Klik« für Jugendliche auf der Straße wie auch die Projekte »Kinder in die Mitte« und »Vergiss mich nicht«. Neue Vorhaben sind geplant, darunter die Einrichtung eines Wohnhauses für drogenabhängige Mütter.

Gestützt auf die von Hans-Peter Vietze bearbeitete und transkribierte historische Sammlung der Dokumente des Stiftungsarchivs sowie auf die von Hans Bergemann erstellten Chroniken »1700 bis 2008«, »1945 bis 1990« und »1991 bis 2005« widmet sich der zweite Teil des Buches der Geschichte der Stiftung bis in die Gegenwart. Den unveröffentlichten Manuskripten Bergemanns ist, sofern nicht anders vermerkt, auch das statistische Material entnommen; Zitate sind gekennzeichnet.

Seit ihrem Bestehen wurde die Stiftung Zeugin von sechs Kriegen, zwei Weltkriegen und zwei Revolutionen. Den preußischen Königen folgten die deutschen Kaiser, dem letzten Hohenzollern, Wilhelm II., die Weimarer Republik. Die erste Demo-

Blick über die Spandauer Vorstadt

Schiffbauerdamm

Hof Albrechtstraße 13-14

kratie auf deutschem Boden walzten die Nationalsozialisten nieder. Die Koepjohann'sche Stiftung, kein Hort des Widerstands, suchte immerhin ihre jüdischen Mieter in den Häusern zu halten, bis auch das nicht mehr möglich war. Das »Tausendjährige Reich« währte zwölf Jahre, hinterließ aber ein weithin verheertes Land. Berlin war zu 75 Prozent zerstört. Die Häuser am Schiffbauerdamm und in der Albrechtstraße hatten ebenfalls schwere Schäden erlitten.

Der Neuanfang nach der Befreiung vom NS-Regime gestaltete sich schwierig. Die deutsch-deutsche Teilung und der Kalte Krieg machten insbesondere den Menschen im sowjetischen Sektor zu schaffen. Plan- und Mangelwirtschaft in der DDR schließlich verhinderten, dass die Stiftung ihre Häuser von Grund auf instand setzen und ihre materielle Basis wiederherstellen konnte. Zudem gestatteten es die auf Vorkriegsniveau eingefrorenen Mieten nicht, größere Gewinne zu erwirtschaften. Obwohl die Stiftung nach bisherigen Erkenntnissen von einer Überwachung durch den Staatssicherheitsdienst verschont blieb,[1] erschwerten Schikanen der Behörden zusätzlich die Arbeit. Jahrzehntelang stand die Existenz auf dem Spiel. Nur bedingt ließ sich der Stiftungszweck erfüllen. Mauerfall und Wiedervereinigung eröffneten endlich neue Perspektiven, brachten aber auch finanzielle Risiken mit sich. Mitte der 1990er Jahre drohte der Einrichtung sogar das Aus.

Schiffbauerdamm 8, 1970er Jahre

Heute blickt die Koepjohann'sche Stiftung wieder in eine gesicherte Zukunft. Ihr Logo ist ein Schiff mit aufgerichtetem Segel und gebenden Händen. Abzuwarten bleibt, ob es dem Gefährt weiterhin gelingt, Kurs zu halten, Stürmen zu trotzen und Klippen zu umfahren. Die Chancen, so will es scheinen, stehen jedenfalls nicht schlecht.

Havelberg, Dom

Havelberg, Salzmarkt mit Beguinenhaus

I. Die Koepjohanns

Havelberg – Ein Blick in die Geschichte

Im Zuge der deutschen Ostsiedlung war 948 das Bistum Havelberg gegründet worden, das jedoch schon 983 wieder von der politischen Landkarte verschwand, nachdem die Slawen sich machtvoll gegen die Christianisierung erhoben hatten. Es sollten noch einmal mehr als anderthalb Jahrhunderte vergehen, ehe der Kreuzzug 1147 die Unterwerfung der Stämme in diesem Gebiet erzwang. 1150 wurde das Bistum durch König Konrad III. bestätigt und der Ort selbst im Zollprivileg des askanischen Markgrafen Albrecht der Bär erstmals als Stadt erwähnt. Zwanzig Jahre später fand die Weihe des Doms statt, der bis heute das Stadtbild prägt.

Begünstigt durch die Lage an gleich zwei Flüssen, Elbe und Havel, entwickelte sich früh ein prosperierendes Gemeinwesen. Wichtige Erwerbsquellen waren Handwerk, Landwirtschaft und Fischerei. Anzunehmen ist, dass auch der Schiffbau zeitig eine bedeutende Rolle spielte, wenngleich verlässliche Quellen fehlen. Die ältesten erhaltenen und im Brandenburgischen Landeshauptarchiv Potsdam verwahrten schriftlichen Zeugnisse der hiesigen Schiffbauergilde setzen erst 1649 ein.[2]

Von 1358 bis 1478 gehörte Havelberg dem Bund der Hanse an. Das Beguinenhaus oder die in dieser Zeit vollendete Stadtkirche St. Laurentius künden von der einstigen Blüte. 1412 hatte die Stadt dem Burggrafen Friedrich von Nürnberg gehuldigt, der die Herrschaft der Askanier ablöste und die über 500-jährige Hohenzollerndynastie in der Mark Brandenburg begründen sollte.

Schwer litt Havelberg, das 1545 zum evangelischen Glauben übergetreten war, unter dem Dreißigjährigen Krieg. Hatte es in der ersten Phase, dem Böhmisch-Pfälzischen Krieg (1618–1623), noch so ausgesehen, als könne die Kurmark aus dem Konflikt zwischen Katholischer Liga und Protestantischer Union herausgehalten werden, machte der Nordische Krieg (1624–1629) alle diesbezüglichen Hoffnungen zunichte. Als Staat zu schwach, um sich notfalls mit militärischen Mitteln Respekt zu verschaffen, trug nicht zuletzt die wankelmütige Politik von Kurfürst Georg Wilhelm dazu bei, dass Brandenburg immer tiefer in die Auseinandersetzung hineingezogen wurde.

Die Kaiserlichen unter Tilly und Wallenstein besetzten in der Folge Norddeutschland und erklärten Havelberg zur Garnison. Bei den Gefechten im Frühjahr 1627 brannten dänische Truppen die Stadt nieder. Außer den Sakralbauten blieben lediglich zwei Gebäude verschont. Im Jahr darauf vernichtete ein Feuer sämtliche Brücken, was für die auf einer Insel gelegene Stadt die Durchtrennung ihrer Lebensadern bedeutete.

Nur eine kurze Atempause war der Region vergönnt, ehe der Schwedenkönig Gustav Adolf auf dem Plan erschien. Er hatte Waffenruhe mit Polen vereinbart, um der protestantischen Partei den Rücken freizuhalten, und landete 1630 mit seiner Streitmacht auf Usedom. Das kam einer Kriegserklärung an Kaiser Ferdinand II. gleich. Neuerliche Truppenbewegungen, Brandschatzungen und Kampfhandlungen auch in der Prignitz waren das Ergebnis. Als die Schweden am 12. Juli 1631 Havelberg eroberten, Geld und Unterhalt forderten, besaß die Stadt kaum noch 25 Bürger, »die übrigen waren teils tot, teils in andere Orte gezogen.«[3]

Schwer vorstellbar, dass es noch schlimmer kommen und der Schrecken erst 1636–38 seinen Höhepunkt in der Region erreichen sollte. Von wechselnden Heeren belagert, folgten immer neue Einquartierungen und Kontributionsforderungen. Dörfer und Städte wurden wiederholt zerstört, die Bevölkerung massakriert. Darüber hinaus rafften Hungersnöte und Seuchen die Menschen dahin.

Als Kurfürst Georg Wilhelm am 1. Dezember 1640 in Königsberg starb, hinterließ er seinem Sohn eine ausgeplünderte und in weiten Teilen entvölkerte Kurmark. Wunder vermochte der 20-jährige Friedrich Wilhelm nicht zu vollbringen, doch zeigte er sich von Anfang an als geschickter Diplomat.

Leopold von Ranke resümiert in seiner »Preußischen Geschichte«: »Nicht ohne Erfolg waren diese ersten Jahre Friedrich Wilhelms: Preußen war gesichert, Brandenburg in Besitz genommen, Kleve behauptet, von der großen pommerschen Erbschaft laut den geschlossenen Verträgen wenigstens ein Teil gerettet und ein ansehnliches Äquivalent für das übrige bestimmt. Der Umfang des Staates, wie er noch auf eine lange Zeit bleiben sollte, war im allgemeinen festgesetzt. Aber wie unsicher und mangelhaft erschien noch alles! Die Landschaften waren erschöpft an Kräften; das kleine Heer, das einmal gebildet worden, war wieder aufgelöst; die Truppenschar, die man beibehielt, kaum hinreichend zur Besetzung der festen Plätze; und doch der Friede noch keineswegs herbeigeführt.«[4]

Denn auch der Westfälische Friede, der 1648 den Dreißigjährigen Krieg formell beendet hatte, brachte dem Land noch keine Befriedung. Nicht gewillt, sich mit Vorpommern zu begnügen, das ihm in den Verträgen zugesprochen worden war, strebte der schwedische König Karl X. Gustav – wie schon sein Vorgänger Gustav Adolf – die Vorherrschaft im Ostseeraum an und betrachtete die Prignitz weiterhin als Aufmarschgebiet.

Trotz allem vermochte Brandenburg, sich allmählich zu erholen. Entscheidend dafür waren Friedrich Wilhelms Bemühungen, den Staat zu zentralisieren, die Privilegien der Stände zu beschränken, die Finanzen zu ordnen sowie Handel und Verkehr zu fördern. Seit 1646 mit Louise Henriette von Oranien-Nassau verheiratet, verdankte sich der Verbindung zum niederländischen Herrscherhaus der Zuzug hoch qualifizierter holländischer Fachleute, mit deren Hilfe der Wiederaufbau des Landes vorangetrieben werden konnte.

Einen Rückschlag erlitten die Bestrebungen durch den Zweiten Nordischen Krieg (1655–1660). Vornehmlich eine Auseinandersetzung zwischen Schweden und Polen, von der die Kurmark nicht unmittelbar berührt wurde, zog es allerdings das von der polnischen Krone belehnte herzogliche Preußen in den Streit hinein. Friedrich Wilhelm hatte das Bündnis mit Karl Gustav gebrochen und für Polen Partei ergriffen, musste sich dann aber der Übermacht aus dem Norden beugen und die Hoheit des Schwedenkönigs über das preußische Lehen anerkennen. Die Öffnung der ostpreußischen Häfen für schwedische Schiffe wie auch der erzwungene Verzicht auf die Hälfte der Einnahmen aus den Seezöllen belastete den ohnehin angespannten Staatshaushalt zusätzlich.

Erst als Karl Gustav durch das inzwischen mit den Tataren verbündete Polen bedrängt wurde und beim brandenburgischen Kurfürsten um Beistand nachsuchte, sah sich dieser wieder in eine aussichtsreichere Lage versetzt. Die Koalition beider trug in der Schlacht von Warschau 1656 den Sieg davon. Am Ende des 5-jährigen Krieges, in dessen Verlauf Friedrich Wilhelm abermals die Fronten gewechselt und schließlich auch Polen seine Ansprüche auf das Lehen fallengelassen hatte, erlangte er die unumschränkte Herrschaft über das Herzogtum. Es sollte die entscheidende Voraussetzung dafür bilden, dass später das Königreich Preußen aus der Taufe gehoben werden konnte.

Knapp anderthalb Jahrzehnte hielt danach der Frieden. Friedrich Wilhelm nutzte die Zeit, um sein Augenmerk verstärkt auf die Landesverteidigung zu richten. So etwa ließ er die Haupt- und Residenzstadt Berlin-Kölln zur Festung ausbauen wie auch ein stehendes Heer gründen.

Den Ständen rang er die Zusage für die Finanzierung ab. Gelder, die freilich an anderer Stelle und insbesondere für zivile Aufgaben fehlten.

1674 brach der Schwedisch-Brandenburgische Krieg aus, auf den das Land nun immerhin militärisch besser vorbereitet war. Entgegen den Abmachungen hatte die schwedische Armee unter Reichsstatthalter Wrangel ihr Winterquartier in Hinterpommern, der Uckermark und der Neumark aufgeschlagen, was allein schon eine Provokation darstellte. Im Frühjahr 1675 fiel Wrangel ins Havelland, der Kornkammer Berlins, ein. Ziel war es, den Kurfürst, der mit seinem Heer am Oberrhein operierte, zur Aufgabe der Allianz mit den Niederlanden zu zwingen, die sich im Krieg mit Frankreich befanden, das seinerseits von Schweden unterstützt wurde.

Friedrich Wilhelm zog tatsächlich seine Truppen vom holländischen Kriegsschauplatz ab, führte sie aber in Eilmärschen nach Brandenburg zurück, wo er, das Überraschungsmoment auf seiner Seite, am 15. Juni den Schweden entgegentrat. In Rathenow kam es zum ersten Gefecht, das die Kurfürstlichen unter Generalfeldmarschall Derfflinger für sich entscheiden konnten. Drei Tage später fand, nahe den Dörfern Hakenberg und Linum, die Schlacht bei Fehrbellin statt. Sie brachte zwar keinen eindeutigen Sieger hervor, stellte aber für den in Überzahl angetretenen Gegner eine moralische Schlappe dar, die ihn zum Rückzug bewog. Seither wurde Friedrich Wilhelm der »Große Kurfürst« genannt. Die endgültige Vertreibung der Schweden aus Brandenburg-Preußen dauerte indes noch bis zum Winterfeldzug 1678/79.

Unterbrochen von nur wenigen und zumeist kurzen Friedenszeiten war die Kurmark damit sechs Jahrzehnte lang durch Kriege erschüttert worden. Dass das Land nicht in Chaos und Depression versank, lag einerseits am Aufbauwillen der Menschen und andererseits an der Entschlossenheit des Großen Kurfürsten, seine absolutistische Macht weiter zu festigen und den Staat handlungsfähig zu machen.

Nach holländischem Vorbild führte er die Verbrauchssteuer ein, die sich zwar nur in den größeren Städten durchsetzen ließ, da der Adel erbittert Widerstand leistete, aber insgesamt doch zur Konsolidierung der Finanzen beitrug. Freiwerdende Mittel konnten nun für zivile Vorhaben, wie den Bau des Oder-Spree-Kanals, bereitgestellt werden – Anstöße, die die Wirtschaft nachhaltig belebten. Hinsichtlich der Bevölkerungspolitik erwies sich das Potsdamer Edikt von 1685 als vorausschauend, das die Ansiedlung der in Frankreich verfolgten Hugenotten ermöglichte.

Mühsamer als die größeren Städte fassten hingegen die ländlichen Gebiete Tritt. So waren laut Steuerkataster 1686/87 noch zwei Drittel der bäuerlichen Stellen in der Uckermark wüst und immerhin noch ein Drittel in der Prignitz. Eine Perspektive deutete sich an, als 1688 in Havelberg die Kurfürstliche Seeschiffswerft gegründet wurde.

Die Kurfürstliche Seeschiffswerft

Mit dem Bau seetüchtiger Schiffe gedachte Friedrich Wilhelm, den Anspruch Brandenburgs als See- und Kolonialmacht anzumelden. Als Kurprinz, während seines Aufenthaltes in den Niederlanden, war er sich der Bedeutung des Überseehandels bewusst geworden. Schon 1647 hatte er den ehemaligen holländischen Admiral Gijsels van Lier beauftragt, Grundlagen für den Aufbau einer Marine zu erarbeiten. Doch obwohl der Plan scheiterte und aus finanziellen Gründen auch der Kauf der Dänisch-Ostindischen Handelskompanie fallengelassen werden musste, verlor er das Ziel nicht aus den Augen.

Als neuer Partner für dieses Vorhaben empfahl sich der holländische Kaufmann und Reeder Benjamin Raule, der mit Zustimmung des Kurfürsten einen Kaperkrieg gegen schwedische Schiffe geführt hatte und 1675 in brandenburgische Dienste getreten war.

Seither unterhielt Friedrich Wilhelm eine kleine Flotte, die er von Raule gemietet hatte. Mit ihr gelang es, Schweden in Schach zu halten und sogar spanische Schiffe zu kapern. Für die weitergehenden kolonialen Ambitionen war eine geheuerte Flotte auf Dauer jedoch zu teuer. Als im März 1682 in Berlin die Brandenburgisch-Afrikanische Handelskompanie gegründet wurde, die am Neujahrstag 1683 den Roten Adler an Guineas Küste hisste, stellte sich mehr denn je die Frage nach eigenen Schiffen. Sie mussten nicht nur imstande sein, die ständige Verbindung zur Festung Groß-Friedrichsburg in Afrika aufrechtzuerhalten, sondern auch mit Gewinn zu wirtschaften. Für großzügige Ankäufe fehlten die Mittel. Die Alternative konnte nur heißen, die Schiffe kostengünstig auf inländischen Werften bauen zu lassen. Das größte Hemmnis dabei bildete die Binnenlage Brandenburgs.

Sowohl Hinterpommern mit seiner 200 Kilometer langen Küste als auch Preußen verfügten zwar über Zugang zur See, nicht aber über geeignete Häfen. »Kolberg, Pillau und Königsberg konnten ohne Ausbau kaum als Basis für eine Handels- und Kriegsmarine genutzt werden. Auch die Schiffswerften an diesen Standorten entsprachen nicht den Anforderungen. Selbst in Königsberg wurde nur in geringem Umfang Schiffbau betrieben. Des weiteren waren diese Häfen nicht an das Binnenwasserstraßennetz angeschlossen. Aufwendige Transporte auf dem Landwege wären notwendig gewesen.«[5]

Das freie Hamburg schied ebenso aus wie Stettin, das von Schweden beherrscht wurde. Auch Emden, zum neuen Sitz des Handelskontors bestimmt, musste als Werftstandort verworfen werden, da auch dieser Hafen nicht die erforderliche Tiefe für den Bau von großen Schiffen besaß. Zudem sah die Emdener Schiffbauergilde in den unter Raule tätigen Holländern eine ernste Konkurrenz und sabotierte deren Arbeit. So lenkte dieser den Blick des Kurfürsten auf Havelberg. Raule unterhielt hier einen Stapelplatz für seinen privaten Holzhandel und war mit den Gegebenheiten des Ortes bestens vertraut.

Im Gegensatz zur Haupt- und Residenzstadt, die bei der Standortsuche ebenfalls in Erwägung gezogen worden war, bot Havelberg gleich mehrere Vorteile. Es lag Hamburg näher und hatte direkte Verbindung zur Elbe. Bauholz stand zwar auch in

Berlin preiswert zur Verfügung, aber anders als der Mitbewerber konnte Havelberg bereits auf eine Tradition im Schiffbau verweisen. Die hiesigen Handwerker erfreuten sich eines guten Rufes und waren wiederholt mit Reparaturen der kurfürstlichen Schiffe betraut worden. Erfahrungen im Bau seetüchtiger Schiffe besaßen sie nicht, doch gedachte Raule ohnehin, die technische Aufsicht geschulten Kräften aus seiner Heimat zu übertragen.

Schwerer wog hingegen, dass in Havelberg nur Rohbauten, Schiffsrümpfe mithin, gefertigt werden konnten, weil die Tauchtiefe der Elbe zu gering war, um größere Schiffe mit Masten und Takelung in die Seehäfen zu überführen. Selbst den Innenausbau musste man in Emden oder Hamburg vornehmen lassen. Schon der Transport der Rümpfe stellte ein Problem dar, erschwerten doch seichte Flussabschnitte, Sandbänke oder sommerliches Niedrigwasser der noch unregulierten Elbe die Aufgabe zusätzlich. Aber auch hier wusste der Marinedirektor Rat.

»In Holland war seit Ende des 17. Jahrhunderts eine Technologie bekannt, die es ermöglichte, auch relativ tiefgehende Schiffe über Flachwasserzonen hinwegzuschaffen. Es handelte sich um die auch heute noch gebräuchlichen ›Kamele‹, pontonähnliche Schwimmkörper, welche zu beiden Seiten des Schiffes angebracht wurden. Nach dem Fluten der ›Kamele‹ mußten Balken durch die Kanonenpforten gesteckt werden; diese lagen auf den Decks der ›Kamele‹ auf, hielten das Schiff auf Position, d.h. auf Höhe […] Die Auftriebskörper (›Kamele‹) wurden gelenzt, und mit ihnen hob sich auch das Schiff. Ein relativ einfaches Verfahren, dem Schiff mehr Wasserfreiheit unter dem Kiel zu geben.«[6]

Das scheint die letzten Zweifel des Kurfürsten ausgeräumt zu haben. Raule erhielt freie Hand zum zügigen Aufbau der Seeschiffswerft in Havelberg. Im Frühjahr 1688 konnte der Betrieb aufgenommen werden.

Die schiffbautechnische Leitung oblag Jost Elynck. Nach dessen Tod 1690 wurde sein Bruder, Cornelius Elynck, Baas der Werft. Beide stammten, wie auch ein Teil der Schiffszimmerleute, aus Holland und brachten jenes Wissen und jene Fertigkeiten mit, die es ermöglichten, Schiffe zu bauen, die keinen Vergleich mit denen in ihrer Heimat zu scheuen brauchten. Das übrige Werftpersonal bestand aus Hugenotten und Deutschen, darunter wohl auch Handwerkern aus Havelberg.

Im Eröffnungsjahr wurden drei, nach den Recherchen des Marinehistorikers Günther Schmidt sogar vier Schiffe auf Kiel gelegt. Ein Zweimaster, die Brigantine »Castell Friedrichsburg«, war offenbar das erste. Die Ausstattung erfolgte im selben Jahr in Emden. Die schwere Fregatte »Friedrich III.« stellte den anspruchsvollsten Neubau dar. Der Transport nach Hamburg erwies sich denn auch als überaus kompliziert und langwierig. Erst 1692 in Dienst gestellt, wurde sie bald darauf im Sklavenhandel eingesetzt.

Die Zahl der tatsächlich gebauten Schiffe liegt indes im Dunklen, da Raule auch auf eigene Rechnung arbeiten ließ, was er in der Buchführung verschleierte, um weder die Admiralität noch die Handelskompanie allzu tief in seine Geschäfte blicken zu lassen.

Am 9. Mai 1688 starb der Große Kurfürst. Für Raule, der seinen Protegé verlor, wurde die Luft dünner. Zum einen verfolgte Friedrich III. die überseeischen Bestrebungen nicht mehr mit der gleichen Energie wie sein Vater, zum anderen gab es bei Hofe eine einflussreiche Partei, die Raules fortwährendes Vermischen von privaten Interessen mit denen des Staates zum Anlass nahm, das Marineprojekt insgesamt auf den Prüfstand zu stellen. Ebenso regte sich Widerstand in der Handelskompanie. Vor allem die holländischen Vertreter drängten unter Verweis auf die hohen Überführungskosten der Rümpfe darauf, den Schiffbau in Havelberg einzustellen.

Dennoch gelang es Raule immer wieder, die Kritiker zu besänftigen. Dazu gehörte, dass er, wie schon beim Aufbau der Werft, nicht zögerte, eigenes Kapital vorzustrecken und Risiken selbst zu tragen. Zeitweilig des Amtes als Generaldirektor der Marine enthoben, übertrug man ihm im Sommer 1690 abermals die Leitung.

Die Jahre 1692 bis 1694 gingen als die produktivsten in die Annalen der Havelberger Werft ein. Nachweislich entstanden in diesem Zeitraum elf Schiffe, darunter vier

Blick vom Elbdeich auf Sandau

Havelberg Stadtkirche

Fregatten. Mit »Schloss Oranienburg« wurde noch einmal eine schwere Fregatte aufgelegt, die wiederum für den Sklavenhandel bestimmt war. Zu den leichteren Schiffen zählten drei Barken, eine Fleute, eine Jacht, eine Schaluppe und die kurfürstliche Galeere.

Um das ehrgeizige Bauprogramm zu realisieren, mussten neuerlich Arbeitskräfte angeworben werden. Neben weiteren Handwerkern aus den Niederlanden kam wohl als Lehrling auch ein junger Havelberger zum Zuge, dem sich damit die berufliche Chance seines Lebens eröffnete. Die Rede ist von Martin Koepjohann. Wodurch sich der 13-/14-Jährige den Verantwortlichen der Werft empfohlen hatte, ob es Fürsprecher gab, ist nicht bekannt. Ausgeschlossen werden kann aber, dass er selbst holländischer Herkunft gewesen sei, wie mitunter kolportiert worden ist.

Martin Koepjohann

Die Köppe-Johanns, so die ursprüngliche Schreibweise des Familiennamens, stammten aus Sandow, dem heutigen Sandau, einem an der Elbe gelegenen Nachbarort Havelbergs. Jürgen Köppe-Johann, der Großvater Martins, war Sandauer Bürger und als Schneidermeister tätig gewesen. Seine Lebensdaten haben sich nicht erhalten. Hinweise auf ihn finden sich nur im Trauregister der Havelberger Stadtkirche St. Laurentius. Hier heiratete am 5. Dezember 1660 seine Tochter Maria den aus Strodehne gebürtigen Schiffbauer Joachim Jop.[7]

Zu dem Zeitpunkt dürfte Jürgen Köppe-Johann in den Vierzigern gewesen sein, also jener Leidensgeneration angehört haben, deren Kindheit vom Beginn des Dreißigjährigen Krieges überschattet wurde und die bei Kriegsende den besten Teil des Lebens hinter sich hatte. Als sich sein Sohn Hans am 1. Dezember 1675 mit Elisabeth Gregers, der Tochter eines Bürgers und Böttchermeisters aus Havelberg, vermählte, war er bereits verstorben.[8]

Ob das junge Paar noch eine Zeitlang in Sandau lebte und möglicherweise dort schon Kinder hatte, entzieht sich ebenso der Nachforschung wie der Beruf, den Hans Köppe-Johann ausübte. Das erste Kind beider, das in Havelberg zur Welt kam, war Martin, ein Sohn des Mars', denn noch herrschte Krieg. Die Taufe fand am 5. Januar 1679 statt.[9] Generell nicht verzeichnet ist in den älteren Kirchenbüchern das Datum der Geburt. Es könnte zwischen dem 1. und 4. Januar gelegen haben, denn mit Rücksicht auf die hohe Sterblichkeit Neugeborener ließ man für gewöhnlich nicht allzu viel Zeit zwischen Geburt und Taufe verstreichen.

Im Jahr darauf war Elisabeth Köppe-Johann erneut in guter Hoffnung. Die Zwillinge Anna und Joachim wurden geboren und am 13. November 1680 getauft.[10] Beide überlebten nur wenige Tage und mussten am 21. November beerdigt werden.[11] Es sollte nicht der letzte Schicksalsschlag bleiben, den die Familie erlitt.

Lange Zeit stellte sich danach kein Nachwuchs mehr bei den Köppe-Johanns ein. Auch das muss schmerzlich empfunden worden sein. Kinderreichtum war gottgefällig, aber eben auch eine notwendige Altersvorsorge. Umso größer wird die Freude gewesen sein, als endlich ein weiterer Sohn geboren wurde. Am 10. August 1684 getauft, erhielt er den Namen Georg.[12] Die Töchter, Elisabeth und Maria, folgten im Abstand von jeweils zwei Jahren und wurden am 15. August 1686[13] bzw. am 8. Juli 1688[14] getauft.

Anfang 1691 sah die Familie abermals einem frohen Ereignis entgegen. Die zuletzt glücklich verlaufenen Geburten, dürften die Hoffnung genährt haben, dass auch diesmal alles gut gehen werde. Doch es kam anders. Entweder noch bei der Geburt oder im Kindsbett starb Elisabeth Köppe-Johann. Der Witwer begrub am 18. Januar des Jahres erst seine Frau[15] und am 8. Februar auch die kleine Tochter.[16] Sie war namenlos geblieben.

Allein vermochte er die Verantwortung für die verbliebenen vier Kinder, Martin war zwölf, Maria zweieinhalb, schwerlich zu tragen. Nach Ablauf des Trauerjahres scheint er sich denn auch umgehend wiederverheiratet zu haben. Wann und wo die Trauung stattgefunden hat, ist unbekannt. Am 28. Mai 1693 wird jedoch die Taufe einer Tochter, Dorothea, angezeigt.[17] Über die Mutter schweigen sich die Quellen aus. Nur die Vaterschaft Hans Köppe-Johanns ist bezeugt. In den Kirchenbüchern der Havelberger Stadtgemeinde verliert sich danach seine Spur. Entweder blieb Dorothea das einzige Kind aus der zweiten Ehe oder die Familie zog bald nach Geburt der Tochter aus Havelberg weg.

Etwa um diese Zeit dürfte Martin ins Berufsleben eingetreten sein. Ob er tatsächlich in der Kurfürstlichen Seeschiffswerft ausgebildet wurde, lässt sich nicht zweifelsfrei beantworten. Belege fehlen. Auch eine der kleineren Schiffbauanstalten könnte in Frage gekommen sein. Immerhin bestand mit Joachim Jop, dem Onkel, ja eine Verbindung zu den alteingesessenen Schiffbauern im Ort.

Nahe liegender scheint jedoch, dass er sich das handwerkliche Rüstzeug unter Anleitung der Niederländer erworben hat. Ein Wechsel nach beendeter Lehre ist unwahrscheinlich, da ab 1695 keine Schiffe mehr im Auftrag der Brandenburgisch-Afrikanischen Handelskompanie oder des Kurfürsten aufgelegt wurden. 1698 entschied die Kompanie, die Werft aufzugeben. Im selben Jahr ließ Friedrich III. seinen umstrittenen General-Marinedirektor verhaften und auf die Festung Spandau bringen. Für die Havelberger Schiffbauer begann eine Zeit des Hoffens und Harrens. Zwar

Stadtschloss, um 1905

vergingen noch vier Jahre, ehe die Werft tatsächlich geschlossen wurde, aber Neueinstellungen verboten sich unter diesen Umständen von selbst.

Martin Koepjohann muss indes schon zum unverzichtbaren Mitarbeiterstamm gehört haben und darunter zu denen, die man bis zuletzt zu halten versuchte. 1702 kam das endgültige Aus für die Kurfürstliche Seeschiffswerft. Das Gelände wurde an das Domkapitel in Havelberg verkauft. Und offenbar erst dadurch sah sich der 23-Jährige gezwungen, nach Alternativen Ausschau zu halten. Seine Wahl fiel auf Berlin.

Als Schiffbauer an der Spree

Berlin war inzwischen nicht mehr nur die Residenzstadt eines Kurfürstentums, sondern eines Königreiches. Am 18. Januar 1701 hatte Friedrich III. in Königsberg selbst nach der Krone gegriffen. Wenngleich dies mit Duldung der Habsburger geschah und Brandenburg-Preußen noch keineswegs als europäische Großmacht gelten

Bahnhof Friedrichstraße, um 1905

konnte, lenkte es doch den Blick auf das einst zerrissene Land und dessen bislang eher unbedeutende Kapitale.

Damit einher ging der repräsentative Ausbau der Haupt- und Residenzstadt. Das Stadtschloss erhielt unter König Friedrich I. weitgehend seine endgültige Gestalt. In der Umgebung Berlins wurden Wohn- und Sommersitze des Herrscherpaares erbaut, darunter Schloss Lietzenburg, das spätere Schloss Charlottenburg. Zu den ehrgeizigen Bauten innerhalb der Stadt gehörten das Zeughaus, der Marstall und die Lange Brücke – der erste steinerne Spreeübergang zwischen Berlin und Kölln.

Die nach dem Dreißigjährigen Krieg wieder wachsende Einwohnerzahl, verbunden mit der Zuwanderung von Glaubensflüchtlingen, erforderte ferner die Erschließung neuer Stadträume. Schon unter dem Großen Kurfürsten waren deshalb als Neustädte der Friedrichswerder und die Dorotheenstadt angelegt worden. Friedrich ließ die dritte bedeutende Stadterweiterung vornehmen. In der nach ihm benannten Friedrichstadt wurden am heutigen Gendarmenmarkt ab 1701 die Französische und die Deutsche Kirche errichtet. Auch vor den Toren herrschte eine rege Bautätigkeit. Die Spandauer Vorstadt, die Königsstadt und die Stralauer Vorstadt entstanden.

Von all dem profitierte nicht zuletzt der hiesige Schiffbau, denn das Gros des Baumaterials kam auf dem Wasserweg in die Stadt. Zudem wurde 1702 zwischen dem Stadtschloss und Schloss Lietzenburg ein ständiger Fahrgastbetrieb mittels Treckschuten für den königlichen Hof und die Hofgesellschaft eingerichtet. Schiffe mussten beschafft und instand gehalten werden. Zwar gab es bereits eine größere Werft, deren Gründung noch auf Raule zurückging, aber geschultes Personal war rar. Junge, noch dazu gut ausgebildete Schiffshandwerker wie Martin Koepjohann durften sicher sein, umgehend eine Anstellung zu finden.

Seine Qualifikation hätte ihm allerdings genauso Türen in Emden oder Hamburg, wenn nicht sogar in Holland geöffnet. Gewiss, dort war die Konkurrenz ungleich größer, aber eben auch die berufliche Herausforderung. An Selbstvertrauen kann es ihm kaum gemangelt haben. Dass er sich anders entschied, hatte womöglich mit dem überraschenden Wiederaufstieg Raules zu tun und der damit verbundenen Hoffnung, dass in Sachen des Seeschiffbaus das letzte Wort noch nicht gesprochen sei.

Benjamin Raule, der nach seinem Sturz 1698 nur wenige Monate Haft in der Festung Spandau hatte absitzen müssen, war inzwischen nicht nur begnadigt, sondern abermals in seine Ämter eingesetzt worden. Just 1702 wurde er, ein unübersehbarer Vertrauensbeweis, vom König zu einer Beratung der Brandenburgisch-Afrikanischen Handelskompanie nach Emden entsandt. Durchaus denkbar ist, dass Havelberger Schiffbauer schon gezielt angesprochen und auf einen Neuanfang in Berlin vorbereitet worden waren.

Den Standort hatte Raule bereits 1682 ins Spiel gebracht, als er anregte, ein Marinekollegium in Pillau zu gründen und dort erfahrene Schiffbauer fest anzustellen. Um die Personalkosten zu rechtfertigen, auf die seine Kritiker sofort abhoben, sollten diese Werkleute wechselweise in Berlin eingesetzt werden, wo sich die Gründung einer Werft, wie er meinte, schon wegen des Holzpreises empfehle. Er hatte dem Großen Kurfürsten vorgerechnet, dass Eichen hier anderthalb bis zwei Reichstaler kosteten, während in Hamburg das Zehnfache und in Holland fast das Zwanzigfache bezahlt werden müsse.

Über die von Raule initiierten Anfänge des Berliner Schiffbaus lässt sich mangels Quellen nur spekulieren. Der Schiffbauplatz lag westlich des heutigen Bahnhofs Friedrichstraße und erstreckte sich von der Neustädtischen, späteren Dorotheenstädtischen Kirche (1861–63 durch einen Neubau ersetzt, im Zweiten Weltkrieg zerstört) parallel zur Neustädtischen Kirchstraße bis zur Spree. Ob hier aber kleinere seetüchtige Schiffe, wie von Raule vorgeschlagen, oder nur Fahrzeuge für den Binnenverkehr gebaut wurden, ist nicht bekannt. Letzteres dürfte der Fall gewesen sein. Doch schien nun noch einmal Bewegung in die Angelegenheit zu kommen. Bei Martin Koepjohanns Eintreffen in Berlin befand sich die Werft freilich schon nicht mehr an

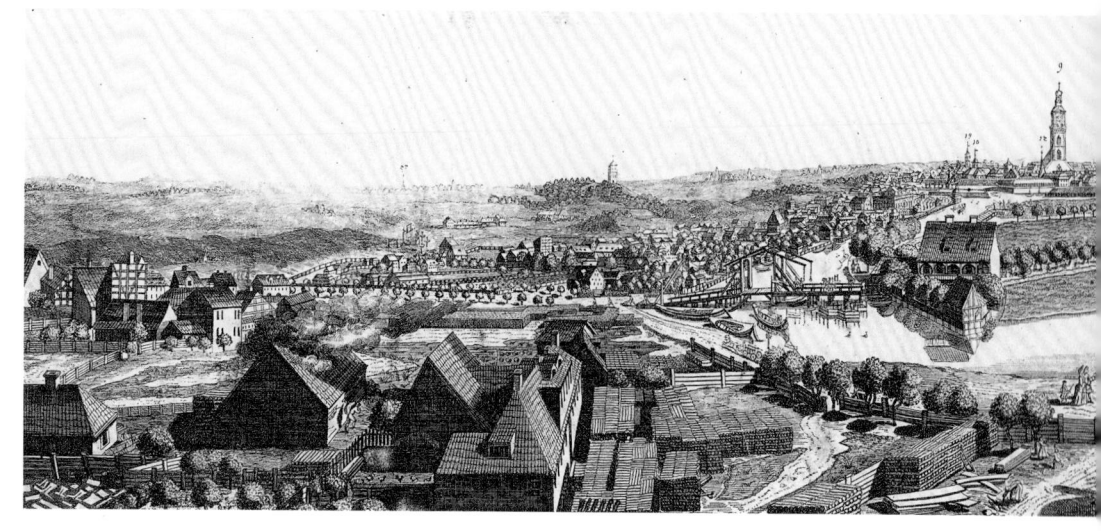

Panorama Schiffbauerdamm ...

ihrer ursprünglichen Stelle, sondern auf dem Gelände des späteren Bauhofs, dem heutigen Hegelplatz. Der 1696 erfolgte Umzug hatte dem fortschreitenden Ausbau des westlichen Teils der Dorotheenstadt Rechnung getragen, war aber doch auch bezeichnend für die Diskrepanz von Anspruch und Wirklichkeit des Berliner Schiffbaus.

Daran sollte sich auch unter den neuen Vorzeichen nichts ändern. Raule kehrte nicht mehr in die preußische Hauptstadt zurück. Er starb 1707 verarmt und vergessen in Hamburg. »Um diese Zeit war die Handelskompanie vollständig bankrott und auseinandergefallen, worauf der König 1711 ihre Aktion und Ansprüche für erloschen und ›ihren Besitzstand für hingefallen‹ erklärte.«[18] Der Berliner Schiffbauplatz wurde ebenfalls aufgegeben und fortan als Bauhof des Schlosses genutzt.

Über die Zukunftsaussichten der Werft bestanden aber wohl seit längerem keine Illusionen mehr bei den Schiffbauern. Vom König war kaum Unterstützung zu erwarten; den Auftrag zum Bau seines Lustschiffes, der Yacht »Friedrich«, vergab er 1705 nicht nach Berlin, sondern nach Holland.

Ab dieser Zeit scheint Martin Koepjohann, seine beruflichen Pläne ernsthaft zu überdenken begonnen haben. Im selben Jahr, am 18. Dezember 1705, erwarb er das Bürgerrecht.[19] Es war Voraussetzung dafür, die Meisterprüfung abzulegen wie auch eine selbständige gewerbliche Tätigkeit aufzunehmen.

Beim Eintrag ins Bürgerbuch findet sich übrigens erstmals die Schreibweise *Köpjohann* statt *Köppe-Johann*. Wenn es ein Fehler des Kanzlisten war, dann wurde er dankbar angenommen. Vermutlich aber hat Martin Koepjohann selbst für die Na-

... Stich von Anna Maria Werner, 1717

menskosmetik gesorgt. Die Absicht, eine Verbindung des Namensträgers zu Holland und dessen Schiffbautradition anzudeuten, ist offenkundig. Während die Marketingstrategie schon abgesteckt war, fehlte es aber wohl noch an den finanziellen Mitteln, um den Schritt in die Selbständigkeit zu vollziehen. Erst sieben Jahre später nahm das Vorhaben Gestalt an.

Am Schiffbauerdamm

Am 23. April 1712 kaufte der 34-Jährige den Grundbesitz am heutigen Schiffbauerdamm 12 (vormals Treckschutendamm). Dem Königlichen Schneidermeister Johann Golle, der das Anwesen seinerseits vier Jahre zuvor von dem Schiffbauer Johls erworben hatte, zahlte er dafür 170 Taler.[20]

Offen bleibt, woher das Geld kam. Angesichts der wirtschaftlichen Probleme, mit denen die Berliner Werft zuletzt gekämpft hatte, kann der eigene Verdienst dort nicht üppig gewesen sein. Wurde ihm das väterliche Erbe ausgezahlt? Oder war er durch die Heirat mit der zwei Jahre älteren Elisabeth Erdmann, Tochter eines Berliner Tuchmachermeisters, in den Besitz der nötigen Mittel gelangt?

Getraut worden sind beide offenbar am 26. November 1703 in der St. Georgen-Kirche[21], die sich nahe dem späteren Alexanderplatz befand und im Zweiten Welt-

Schiffbauerdamm 12, vormals Nr. 10

krieg zerstört wurde. Für das Traudatum fehlt heute jedoch der Nachweis, da die entsprechenden Kirchenbücher der Jahre 1689 bis 1714 verloren gegangen sind. Nicht bekannt ist deshalb auch, wann die ersten Kinder des Paares, drei Töchter, getauft wurden. Lediglich die Vornamen zweier Töchter, Dorothea und Anna Margaretha, sind überliefert.

1713 kam die vierte Tochter, Anna Sophia, zur Welt. Ihre Taufe, am 9. November 1713, ist im Taufregister der Dorotheenstädtischen Kirche festgehalten.[22]

Das Gelände am Schiffbauerdamm, das gleichzeitig der Wohnsitz der Familie wurde, war mit Bedacht gewählt worden. Es gewährte den unmittelbaren Zugang zur Spree und hatte bereits als Schiffbauplatz gedient. Verwaltungsmäßig gehörte das Terrain am nördlichen Spreeufer ebenfalls zur Dorotheenstadt, bot aber im Gegensatz zu dem jenseits der Spree gelegenen und von der Behrenstraße begrenzten Gebiet reichlich Entwicklungspotential für die gewerbliche Nutzung, da sich hier noch eine Reihe von Äckern, Weiden und Gärten befand. Außerdem lag der Treidelweg nach Charlottenburg, das inzwischen in den Rang einer eigenständigen Stadt erhoben worden war, vor der Tür. Bei Havarien konnte unverzüglich Hilfe geleistet werden. Das versprach zusätzliche Aufmerksamkeit.

Trotz allem dürfte die Geschäftsetablierung alles andere als einfach gewesen sein. Allgemein stagnierte die Wirtschaft am Ende der Regentschaft von Friedrich I. und augenscheinlich blieb Martin Koepjohann nicht der einzige Schiffbauer, der auf die Idee kam, sich selbständig zu machen und in diesem Teil der Stadt niederzulassen.

Ebenfalls am Schiffbauerdamm eröffnete Nicolaus Meyer eine Werft. Der gebürtige Berliner hatte 1705, am selben Tag wie Martin Koepjohann, das Bürgerrecht erworben.[23] Das kann Zufall gewesen sein, aber auch auf eine freundschaftliche Beziehung und gemeinsam gefasste Entschlüsse hindeuten. Vielleicht war sogar eine geschäftliche Partnerschaft erwogen worden. Nun standen sich beide freilich als Konkurrenten gegenüber.

Am 25. Februar 1713 starb Preußens erster König. Obwohl sich die finanzielle Situation des Staates weit weniger dramatisch darstellte, als dessen Nachfolger befürchtet hatte, wurde ein rigoroser Sparkurs eingeschlagen, um den Ausbau der Armee voranzutreiben. Nicht dem Hof, sondern dem Militär galt das Hauptinteresse des neuen Königs.

Leopold von Ranke schreibt: »Den Übergang der Regierungsgewalt auf Friedrich Wilhelm I. bekam zuerst die nächste Umgebung des Vorgängers zu empfinden. Die Hofhaltung, in der sich die Sinnesweise des Vaters vorzugsweise repräsentierte, war längst der Gegenstand der Antipathie des Sohnes […] Kammerjunker, Hofjunker und viele andere Angehörige des Hofes wurden unverzüglich in Masse entlassen; die, welche man beibehielt, ansehnlichen Gehaltsabzügen unterworfen.«[24]

Das fand bei einem Großteil der Bevölkerung durchaus Beifall. Jedoch verlor die Wirtschaft der Stadt, die sich mit ihren Angeboten und Dienstleistungen weitgehend auf die Bedürfnisse des Hofes eingestellt hatte, mit einem Mal ihren größten Auftraggeber. Die Auswirkungen spürten alle.

1720 war das Heer von ca. 40.000 bereits auf 50.000 Mann angewachsen. 1740, am Ende der Regentschaft des »Soldatenkönigs«, standen etwa 80.000 Mann unter Waffen. Damit verfügte Brandenburg-Preußen, das territorial die zehnte und von der Anzahl der Bevölkerung nur die dreizehnte Stelle in Europa einnahm, nach Frankreich, Russland und Österreich über eine der größten Armeen. Zuletzt verschlang das Militär vier Fünftel aller Ausgaben des preußischen Staates.

Kasernen wurden nicht errichtet, die Soldaten stattdessen in Privathäusern untergebracht. Hauswirte, die sich von den lästigen Einquartierungen befreien ließen, hatten dafür hohe Abgaben zu entrichten. All das trug, zusammen mit der ohnehin horrenden Steuerlast, nicht gerade zur Belebung des Wirtschaftskreislaufes bei.

Es bedurfte einiger Zeit, ehe Handel und Gewerbe aus der zunehmenden Militarisierung des Staates Nutzen zu ziehen verstanden. Und neben der Waffenherstellung kam zunächst das Textilhandwerk in Schwung. In Berlin gründete der Unternehmer Johann Andreas Kraut das Königliche Lagerhaus für die Heeresmontierung, das fortan die Herstellung aller wollenen Uniformstoffe übernahm und die Entstehung neuer Unternehmen in diesem Bereich nach sich zog.

Inwieweit die Koepjohannsche Schiffbauerei von dieser Entwicklung profitierte, lässt sich kaum einschätzen. Auftragsbücher oder Rechnungen haben sich nicht erhalten. Doch muss von der allmählichen Konsolidierung ausgegangen werden. Wohl nicht zufällig stellte sich eben jetzt noch einmal Nachwuchs in der Familie ein. Der Stammhalter wurde geboren und am 17. Dezember 1717 auf den Namen Friedrich getauft.[25] Das späte Glück des Ehepaares sollte nur dadurch getrübt werden, dass sich keine weiteren Nachkommen einstellten. Umso mehr wird der Sohn von den Eltern und den Schwestern umhegt worden sein.

Die Zeiten blieben hingegen schwierig. 1715 hatte Friedrich Wilhelm I. Stralsund und Rügen erobert. Im Friedensvertrag von Stockholm bekam er 1720 zwar Vorpommern bis zur Peene und der Odermündung samt Stettin zugesprochen, musste aber dafür eine Entschädigung von 2 Millionen Talern an Schweden zahlen und zusätzlich die Schulden Pommerns in Höhe von 800.000 Talern übernehmen.

Nicht genug, im Jahr zuvor war Brandenburg von einer Missernte heimgesucht worden. Der König sah sich genötigt, die unter seinem Vorgänger eingerichteten, aber aus Kostengründen bereits geschlossenen Kornmagazine der Stadt wieder herstellen zu lassen, um den Brotpreis erschwinglich zu halten.

Dorfkirche Französisch Buchholz

St. Nikolaikirche, Bötzow

Angesichts dessen wuchsen auch für die Schiffbauer die Bäume nicht in den Himmel. Erst ab Anfang der 1730er Jahre konnte die Branche aufatmen. Friedrich Wilhelm gab das Startsignal für mehrere städtebauliche Großvorhaben. So wurden die Festungswerke an der Köllnischen Seite der Hauptstadt geschleift, die Dorotheenstadt und die Friedrichstadt erweitert sowie der heutige Pariser-, Leipziger- und Mehringplatz angelegt. In Potsdam entstand das Holländische Viertel.

Es entbehrt nicht der Tragik, dass Martin Koepjohann zu eben dieser Zeit schon am Ende seines Lebens angekommen war. Die harten Arbeitsbedingungen im Schiffbau wie auch die stete Sorge um die geschäftliche Existenz hatten seine Gesundheit offenbar längst untergraben. Er starb, keine 55 Jahre alt, am 30. April 1734 an der Wassersucht.[26] Beigesetzt wurde er auf dem Dorotheenstädtischen Friedhof, der sich damals nicht an der Chausseestraße, sondern an der heutigen Johannisstraße befand.

Friedrich war siebzehn und noch nicht mündig. Die Frage stellte sich, wie es mit der Werft weitergehen sollte. Elisabeth Koepjohann, offenbar eine resolute Frau, zog sich indes nicht in den Witwenstand zurück, sondern übernahm selbst den Betrieb, um ihn bis zur Volljährigkeit ihres Sohnes weiterzuführen. Das war für damalige Verhältnisse bemerkenswert, stützt aber auch die Annahme, dass ihr eigenes Vermögen mit in der Firma steckte.

Am 10. Januar 1737, mittlerweile 21-jährig, erwarb Friedrich Koepjohann das Bürgerrecht. Er »hat von seiner Mutter das auf dem Schiffbauerdamm belegene Erbhaus gekauft und will sich etablieren«, lautet der Eintrag im Bürgerbuch.[27]

Dass ihm als Stammhalter der Grundbesitz nicht einfach überschrieben wurde, verwundert. Eine Entzweiung von Mutter und Sohn kann ausgeschlossen werden. Möglicherweise wollte sie sich die Regelung des Erbes nicht aus der Hand nehmen lassen, um auch die Ansprüche ihrer Töchter befriedigen zu können.

Elisabeth Koepjohann starb wenig später, am 3. März 1737, im Alter von 60 Jahren und 4 Monaten, wie im Sterberegister der Dorotheenstadtkirche vermerkt wurde.[28] Demnach muss ihr Geburtsdatum auf Anfang November 1676 angesetzt werden.

Friedrich Koepjohann

Zeugnisse aus den Kindheits- und Jugendjahren von Friedrich Koepjohann haben sich nicht erhalten. Anzunehmen ist, dass er die Elementarschule seines Stadtviertels besuchte. Diese war in einer Stube des ehemaligen Dorotheenstädtischen Rathauses untergebracht.

Die 1673 angelegte Neustadt, die später nach Dorothea von Holstein-Glücksburg, der zweiten Gattin des Großen Kurfürsten benannt wurde, besaß zunächst die Rechte einer Residenzstadt und ein eigenes Rathaus. 1709 war die Vereinigung der fünf Stadtgemeinden erfolgt, zu denen außer Berlin und Kölln der Friedrichswerder und die Friedrichstadt gehörten. Das Rathaus der Dorotheenstadt wurde fortan nicht mehr benötigt und anderweitig genutzt. Es befand sich an der heutigen Friedrichstraße, Ecke Dorotheenstraße.

Obwohl seit 1717 die allgemeine Schulpflicht in Preußen bestand, waren die Grundschulen zumeist kümmerlich ausgestattet, Lehrer oft nur unzureichend qualifiziert. Feste Lehrpläne gab es nicht.

Neben dem Religionsunterricht, für den üblicherweise der Kantor Sorge trug, wurden die Schüler hauptsächlich in Lesen, Schreiben und Rechnen unterwiesen. Noch Ende des 18. Jahrhunderts bestand der Lehrkörper an dieser Schule lediglich aus dem Rektor, dem Kantor und einem »Schreib- und Rechenmeister«[29], wie Friedrich Nicolai in seiner »Beschreibung der königlichen Residenzstädte Berlin und Potsdam« berichtet. Die Vermittlung umfassender naturwissenschaftlicher, technischer oder kaufmännischer Kenntnisse konnte nicht erwartet werden. Eigentliche Bildungsanstalt für Friedrich Koepjohann dürfte der väterliche Betrieb gewesen sein.

Der Mitarbeiterstamm der Werft scheint sich anfangs vornehmlich aus dem familiären Umkreis rekrutiert zu haben. So waren die Schiffbauer Andreas Kersten und Peter Laackmann, beide aus Havelberg gebürtig, Schwiegersöhne von Martin Koepjohann. Kersten hatte Dorothea Koepjohann geheiratet[30], Laackmann, die jüngste Tochter seines Chefs, Anna Sophia Koepjohann[31]. Auch der Schiffbauer Gottlieb Schultze, zweiter Ehemann der früh verwitweten Dorothea Kersten[32], war offenbar hier beschäftigt. Das Prinzip des reinen Familienbetriebes ließ sich freilich beim Ausbau der Firma durch Friedrich Koepjohann nicht mehr aufrechterhalten. Fremdes Personal musste eingestellt werden, um die rasch wachsenden Aufgaben zu bewältigen.

Am 31. Mai 1740 bestieg Friedrich II. den Thron. Nach zuletzt lähmenden Regierungsjahren seines Vaters, die zu wachsender Arbeitslosigkeit und verbreitet zu Armut geführt hatten, waren die Erwartungen an den neuen Herrscher entsprechend hoch.

Und in der Tat ging es zunächst aufwärts. Der junge König holte Künstler und Gelehrte nach Berlin. Das Opernhaus, als erstes Gebäude des geplanten Forum Fridericianum, entstand. Eine königliche Ordre verfügte die Instandsetzung des Finowkanals, der die direkte Verbindung zur unteren Oder gewährleistete. Der Plauer Kanal als Zufahrt zur oberen Elbe wurde fertig gestellt.

Im Jahr des Thronwechsels vermählte sich Friedrich Koepjohann mit Maria Elisabeth Stahlberg, der Tochter des Krugwirtes in Buchholz, die er offenbar bei seinen Holzkäufen im Ort kennen gelernt hatte. Die Eheschließung fand am 9. Oktober 1740, »am 17. Sonntag nach Trinitatis«, statt.[33] Der entsprechende Eintrag in den Büchern der Dorotheenstadtkirche trägt den Zusatz »nicht hier getraut«, was die Vermutung nahe legt, dass die Hochzeit im Dorf der Brauteltern, dem nachmaligen Französisch Buchholz, stattfand. Es ist heute ein Ortsteil des Stadtbezirks Pankow.

Joachim Stahlberg, der den Beruf des Müllers erlernt hatte, und dessen Frau Elisabeth, geb. Goldschmidt, kamen ursprünglich aus dem im Ländchen Glien gelegenen Bötzow, das heute Teil der oberhavelländischen Gemeinde Oberkrämer ist. Dort war die Tochter Maria Elisabeth am 25. Januar 1722 geboren und am 1. Februar des Jahres getauft worden.[34]

Wenngleich Friedrich Koepjohann nun auch privat sein Glück gefunden hatte, mochte er doch mit einiger Sorge in die Zukunft geschaut haben, denn längst warfen die Schlesischen Kriege ihre Schatten voraus. Während jedoch die ersten beiden Schlesischen Kriege (1740–42/1744–45) kaum Auswirkungen auf Berlin hatten, sollte der dritte, der Siebenjährige Krieg (1756–63), der Stadt schwer zusetzen.

»Ursachen waren nicht so sehr die militärischen Ereignisse als die wirtschaftlichen Folgen. Sofort spürbar wurde der Abzug der Truppen: Die Einwohnerzahl, zu der 1755 noch 26 325 Militärpersonen gezählt hatten, sank sofort unter 100 000 (1756: 99 177) Personen ab. Für den Handel und die Gewerbe mochten zunächst zahlreiche Militäraufträge die Verluste durch das Abschneiden von auswärtigen Märkten sowie der zivilen Nachfrage im Inland ausgeglichen haben, langfristig war dies jedoch nicht der Fall.«[35]

Zu den florierenden Unternehmen gehörte aber allem Anschein nach Friedrich Koepjohanns Schiffbauanstalt. Ein wichtiger Auftraggeber dürfte die Artillerie gewesen sein, die Schiffe benötigte, um Kanonen und Munition zu den schlesischen Kriegsschauplätzen zu befördern. Noch im Alter verfügte er über exzellente Kontakte zu dieser Waffengattung. Als Mieter in seinem Haus wohnte später der königlich preußische Artillerieobrist Johann Friedrich Ludolf v. Meerkatz.

Die Geschäfte während des Krieges gingen offenbar so gut, dass Koepjohann am 4. Juni 1757 den Kaufvertrag über ein benachbartes Grundstück unterzeichnen, eine sofortige Anzahlung von 200 Reichstalern an die Eigentümerin, die Kaufmannswitwe Marie Hesse, geb. v. Geert, leisten und ihr keine vier Monate später, am 29. September, eine weitere Summe von 2.000 Talern übergeben konnte.[36]

Soweit sich zurückdenken ließ, war er damit der erste seiner Familie, der nicht das Schicksal der Bevölkerungsmehrheit teilte und zu den Verlierern der »großen« Politik gehörte, sondern zu den Profiteuren. Zugleich mochte sich dem 40-Jährigen, des-

Turmhaube von St. Nikolai, Bötzow

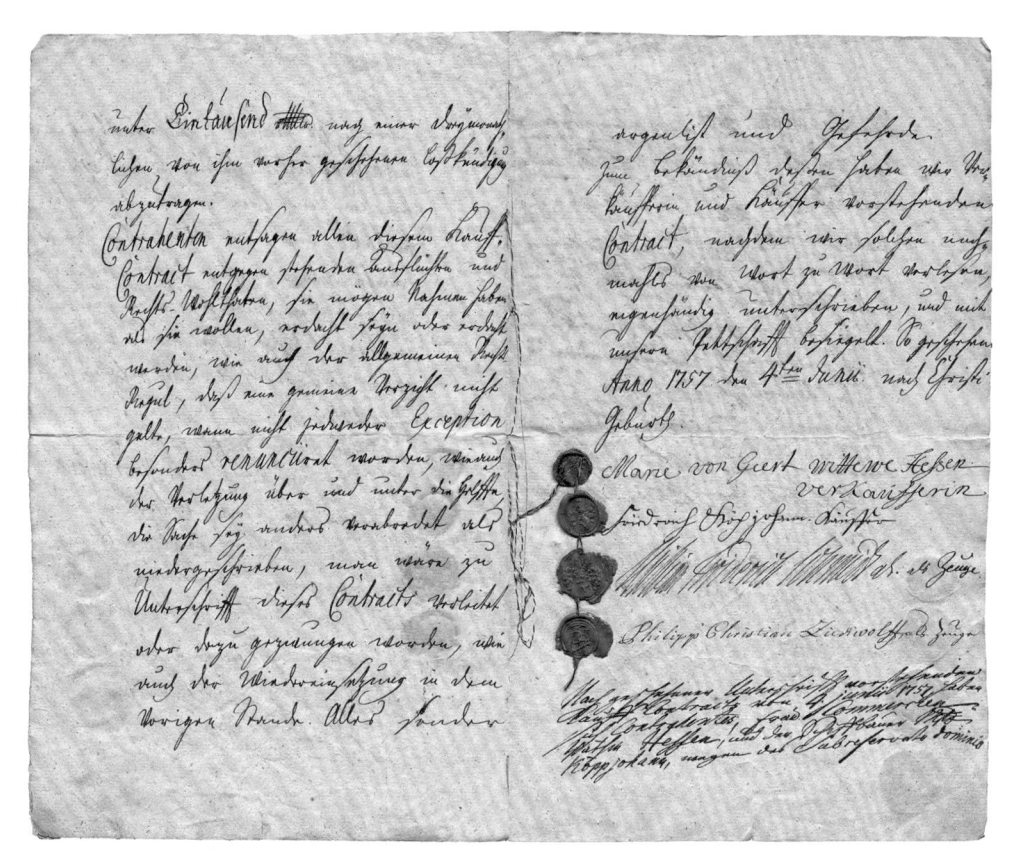

Kaufurkunde

sen Ehe kinderlos geblieben war, die Frage gestellt haben, für wen all die Mühen und irdischen Güter nütze sein sollten. Noch im selben Jahr trat er erstmals als Wohltäter in Erscheinung und stiftete der Taufkirche seiner Frau eine neue Turmhaube und einen neuen Altar.

In zweierlei Hinsicht ist diese Schenkung aufschlussreich. Sie zeugt einerseits von der ungebrochenen Zuneigung zu seiner Frau und wirft andererseits ein Licht auf das Verhältnis zur eigenen Gemeinde, die leer aus ging. Sieben Jahrzehnte nach Errichtung des Gotteshauses in der Dorotheenstadt dürften Erhaltungsmaßnahmen dringend erforderlich und Zuwendungen von privater Seite höchst willkommen gewesen sein. Mit der Vermietung des Kirchbodens an das Militär, das hier eine Montierungskammer einrichtete, hatte man sich ohnehin schon eine der letzten Einnahmequellen erschlossen. Es scheint aber, als habe Friedrich Koepjohann von diesen Sorgen keine Notiz genommen, was eigentlich nur die Schlussfolgerung zulässt, dass es in seinen Beziehungen zur Gemeinde und deren Verantwortlichen nicht eben zum

Besten stand. Der Grund für seine Entfremdung könnte freilich in den ewigen Zänkereien zwischen Lutheranern und Reformierten gelegen haben, die die Kirche gemeinsam nutzten.

Am 29. September 1759 machte er den Kauf des Grundstücks am Schiffbauerdamm 8 (alte Zählung Nr. 6) durch eine weitere Abschlagszahlung von 2.000 Talern auf die vereinbarte Gesamtsumme von 6.200 Reichstalern perfekt. Die Hessin bestätigte: »Die Zinsen von den 4 000 Rthlr sind bis Michaelis dieses Jahres auch entrichtet, jedoch hat der Mstr. Köpjohann baar Viertzig rthlr, mir wegen zu bonificierenden beytrags zu den Brandschatzungs Geldern des Ostereichschen Einfalls abgezogen.«[37]

Am 16. Oktober 1757 hatte der österreichische Feldmarschallleutnant Andreas Hadik Graf v. Furtak in einem Handstreich Berlin eingenommen und für 24 Stunden besetzt gehalten. Dabei war es zu Brandschatzungen und Plünderungen gekommen, darunter auf dem Anwesen von Koepjohanns Nachbarin. Als Käufer durfte er die Unversehrtheit des Kaufgegenstandes erwarten, dennoch wirkt es schofflig, dass er ihr den durch die Soldateska zugefügten Schaden aufrechnete und in Abzug

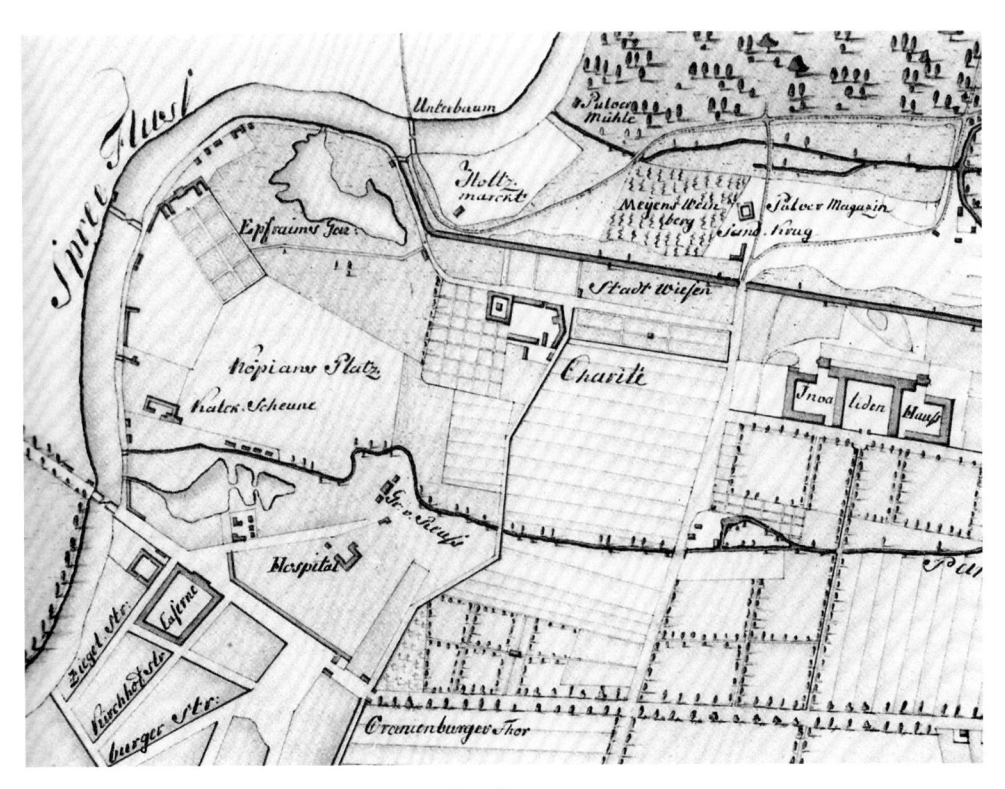

Lageplan 1772

brachte. Damit war sie doppelt gestraft. Und wahrscheinlich ist hier einer der tieferen Beweggründe für den später von ihr erbittert geführten Rechtsstreit gegen ihn zu suchen.

Schiffbauerdamm 8

Durch den Erwerb dieses Grundstückes, dessen Wert nach dem Siebenjährigen Krieg rasant stieg und von der Feuersozietät am 29. April 1766 auf 14.100 Talern taxiert wurde[38], war es Koepjohann gelungen, seinen Besitzstand erheblich zu vermehren. Ihm gehörte nun auch ein Teil des ehemaligen Wartenslebenschen Gartens.

Der im ostwestfälischen Lippspringe geborene Alexander Hermann v. Wartensleben hatte als Offizier u. a. in französischen und venezianischen Diensten gestanden, ehe er 1702 von König Friedrich I. nach Preußen geholt wurde, wo er zum Generalfeldmarschall avancierte und den Grafentitel erhielt. Als Gouverneur von Berlin zählte er, neben Graf Wartenberg und Graf Wittgenstein (die drei »Wehgrafen»), zu den politisch einflussreichsten Persönlichkeiten Preußens.

Graf Wartensleben hatte 1708 das Grundstück vom Magistrat gekauft, sich von Eosander v. Göthe ein Schloss und einen Gartenpavillon errichten lassen, den der Volksmund später als Spuk- oder Geisterhaus bezeichnete. Die schöne und veruchte Catharina Gräfin Wartenberg, Mätresse Friedrichs I., soll in dem lauschigen Pavillon mittels Geisterbeschwörung versucht haben, den sächsischen König, August den Starken, zu verführen. Auch der Abenteurer Graf Cagliostro wird in Zusammenhang mit dem Gartenhaus gebracht; er soll hier alchimistische Vorführungen gegeben und spiritistische Sitzungen abgehalten haben. Legenden freilich nur, die auf der Namensähnlichkeit der gräflichen Herrschaften Wartenberg und Wartensleben beruhen. Wartenberg, Generalpostmeister und Gatte der skandalumwitterten Catharina, geb. Rickers, hatte Schloss Monbijou besessen, nicht aber das Anwesen am Schiffbauerdamm. Ein wenig von dem Glanz jener Persönlichkeiten mochte jedoch nun auch auf den Bürger und Schiffbaumeister Friedrich Koepjohann gefallen sein.

Der Erwerb des Grundstückes, das zum Stammsitz wurde, sollte ihm indes noch manchen Ärger und Verdruss bereiten. Allein die Beschaffung des Hypothekenscheins, ohne den er seine Verpflichtungen gegenüber den Hesseschen Gläubigern nicht ablösen konnte, erwies sich als langwierig und zäh.

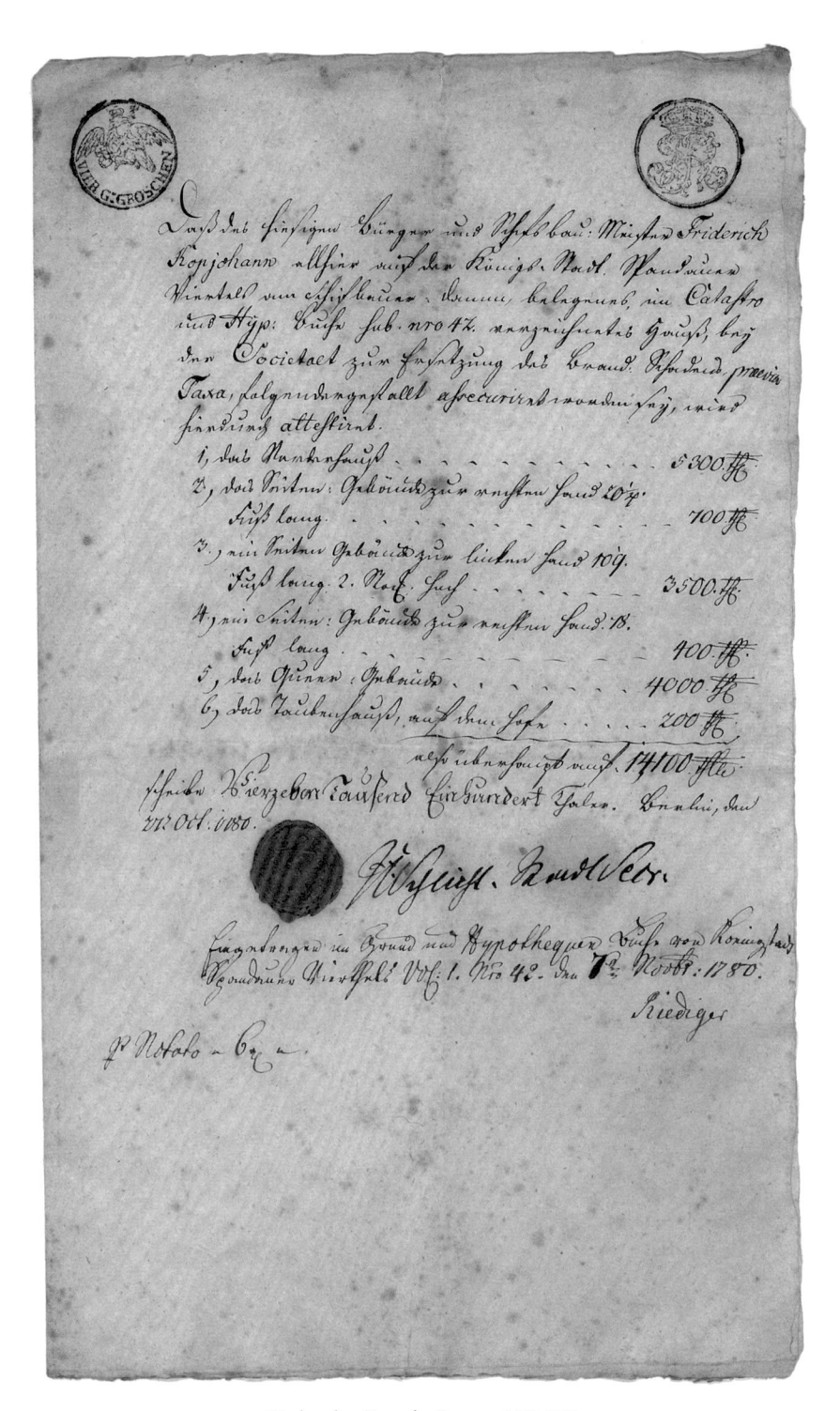

Daß des hiesigen Bürger und Schiffbau-Meisters Friderich Kopjohann allhier auf dem Königl. Stadt Friedrichs Werder, von selbigem, deren belegenheit, im Cataftro und Hyp: Buch sub. nro 42. verzeichnetes Hauß, bey der Societaet zur Verhütung des Brand-Schadens praevia Taxa, folgendermaßenstellt aßecurirt worden sey, wird hiedurch attestirrt.

1., das Wohnhauß . . . . 5300 ℔
2., das Seiten: Gebäude zur rechten Hand 20½
    Fuß lang . . . . 700 ℔
3., ein Seiten Gebäude zur linken Hand 109.
    Fuß lang. 2. Stock hoch . . . . 3500 ℔
4., ein Seiten: Gebäude zur rechten Hand 18.
    Fuß lang . . . . 400 ℔
5., das Quner: Gebäude . . . . 4000 ℔
6., das Taubenhauß, nebst dem Hofe . . . . 200 ℔

überhaupt auf 14100 ℔

schreibe Vierzehn Tausend Einhundert Thaler. Berlin, den 27. Oct. 1780.

Rüdiger. Stadt Sekr.

Eingetragen ins Brand und Hypothequen Buch von Königstadt Friedrichs Wierfel: Vol. I. Nro 42. den 7ten Novbr: 1780.

Rüdiger

p. Notato = Ca —.

Nochmalige Taxa der Feuersozietät 1780

Gartenpavillon *Innenansicht des Gartenpavillons*

    König Friedrich II. selbst schaltete sich ein und wies die Gegenseite in einem Schreiben an: »Liebe Getreue. Nachdem der Schiffbauer Friedrich Kopjohann von eurer Mutter, der verwitweten Commercien-Räthin, deren vor dem Spandauer Thor auf dem Schiffbauer Damm allhier belegenes Haus samt Garthen und übrigen dazu gehörigen Immobilien erkauffet, uns um eure Vorladung ad Liquidandum wegen euer etwa davon habenden Ansprüche gebethen hat; und wir hierzu Terminum auf den 27. July c. früh Morgens um 8 Uhr in Unserem Cammer-Gericht haben ansetzen lassen; als citieren und laden Wir euch hiermit peremtorie, gedachten Tages zu erscheinen, die Documenta zur Justification Eurer etwa an diesen Immobilien habenden Ansprüche und Forderungen zu produciren, derselben halber das nöthige zu verhandeln, und rechtliches Erkäntniß, und Locum in dem abzufassenden Prioritaet-Urteil zu gewarthen. Im fall eures Außenbleibens aber sollen Acta für geschlossen geachtet, und ihr so ihr eure Forderung in sothanen Termino nicht gebührend justificiret habt, nicht weiter gehöret, sondern damit von diesen Immobilien abgewiesen, und euch nur ewiges Stillschweigen aufgeleget worden. Worum ihr euch zu achten habt.«[39]

    Nachdem zwei Monate später das Kammergericht zugunsten des Klägers entschieden hatte, war die Sache aber keineswegs vom Tisch. Es entwickelte sich stattdessen ein juristischer Kleinkrieg.

Am 1. August 1764 tilgte Koepjohann die letzte Rate des vereinbarten Kaufpreises, doch die andere Partei weigerte sich, ihm das Reservatum Dominum herauszugeben und somit dessen Schuldfreiheit anzuerkennen. Worum ging es?

Die vorletzte Abschlagssumme in Höhe von 2.000 Reichstalern hatte er zum großen Teil in leichten Kuranttalern bezahlt. Dieses schlechtere Geld war auf Befehl des Königs geprägt worden, um den Siebenjährigen Krieg zu finanzieren. Es besaß zunächst den gleichen Kurs wie die schweren Kurantmünzen, fiel aber nach dem Siebenjährigen Krieg im Wert erheblich und löste eine inflationäre Entwicklung aus. Die Hessin behauptete, dass ihr der Käufer für den Fall ein Aufgeld zugesichert habe und sie nur durch dessen betrügerische Absicht davon abgehalten worden sei, es sich schriftlich bestätigen zu lassen.

Wahr oder nicht wahr, die Witwe, die mit dem Verkauf des Hausbesitzes ihre Lebensexistenz abzusichern gedachte und das Erbe außerdem unter ihren Kindern und Stiefkindern aufteilen musste, glaubte wohl nicht anders, als von der Gegenseite schamlos übervorteilt worden zu sein. Die Tatsache, dass sich nach dem Krieg der Wert des Grundstückes mehr als verdoppelt hatte, sorgte zusätzlich für Zündstoff.

Koepjohann zog erneut vor Gericht und wandte sich am 6. November 1764 nochmals an den König, um der Beklagten »anbefehl[en] zu lassen mir das reservatum dominum nunmehro quitirt zu extradieren«.[40]

Friedrich II. intervenierte abermals im Sinne des Klägers. Die Gegenseite dachte allerdings nicht daran, klein beizugeben und wandte sich ihrerseits an den König. Die Angelegenheit schleppte sich zwei Jahre hin und wurde Anfang 1766 dahingehend entschieden, dass alle Forderungen der Hesseschen Seite abzuweisen seien.

Der Privatmann

Obwohl Koepjohann in diesem Fall vorbehaltlos Recht erhielt, hatte er doch auch schon ganz andere Erfahrungen mit Anwälten und Richtern gemacht. Zu einem Longseller entwickelten sich die Auseinandersetzungen mit seinen Nachbarn, den französischen Lohgerbern David Vall et Consorten, um die Instandhaltung der Grenzzäune. Am 2. April 1759 wandte er sich in einem Schreiben an die Bau Commission, in dem er forderte: »diese müssen den Zaun eingangs rechter Hand meines Gartens und auch ihren Rück Zaun, daß ebenfalls einen theil meines Garthens einschließet [Einfg.: nicht minder den Seiten Zaun rechter Hand, der nach dem ehemaligen Heßenschen modo meinem Hof gehet,] halten. das erstere ist ganz und gar eingefallen und mein Garthen ist dadurch aller Gefahr exponiret: dem zweyten und dritten aber drohet der Einfall. Ich verlange also mit recht daß meine Nachbahren uns einen tüchtigen, nach der bauordnung vorgeschriebenen Seiten-Zaun sofort sollen machen und bey dem anderen Zaun wann es thunlich ist sollen gedacht, repariren laßen.«[41]

Die Bau Commission beraumte für den 10. April einen Besichtigungstermin an, gegen den die Lohgerber Widerspruch einlegten. Als Grund führten sie u. a. an, dass ihr Sachwalter, der Advokat Krause, derzeit nicht am Ort weile und ein anderer Rechtsbeistand nicht instruiert werden könne, weil sie der Deutschen Sprache nicht recht mächtig seien. Die Beklagten baten um eine vierzehntägige Terminverschiebung.

Im Ergebnis des zwei Wochen später stattgefunden Ortstermins wurden sie aufgefordert, zwei Zäune zu reparieren. Über den dritten vermochte sich die Kommission kein abschließendes Urteil zu bilden. Es erging an die Lohgerber jedoch die Aufforderung, zur weiteren Klärung des Sachverhalts den Kaufvertrag ihres Grundstückes vorzulegen.

David Vall et Consorten ließen daraufhin zwar einen der Zäune ausbessern, enthielten Kläger und Gericht jedoch den Kaufkontrakt vor und beeideten schließlich, dass derselbe abhanden gekommen sei. Mit immer neuen Ausreden und juristischen Kniffen wurde das Verfahren von ihnen in die Länge gezogen.

In einem an seinen Anwalt gerichteten Schreiben vom 20. Januar 1760 platzte Koepjohann der Kragen: »Das beklagten auff Michaelis nicht den Zaun Repariren können, weil Kläger Holz daran zuliegen gehabt, ist eine unbegründete entschuldigung, weil das holz, welches ferner auff den Hoff aufgesetzet ist, aller erstlig im octbr. und novembr. angekommen ist, auch sonst so weit vom Zaun ab, das die Reparatur nicht verhindert geworden wehr […], und es ihnen nur mit der Reparatur ein ernst gewesen wehr, und es mir angezeiget, hätte ich bald platz machen worden, es ist ihnen aber niehmal im sinne gekommen, sondern haben gedacht, der Platz würde woll/ehe die Sache entschieden würde/verkaufft werden, und dann möchte Kläger sehen, wie er mit dem Käuffer fertig würde.«[42]

Nachdem die Gegenseite im August 1760 endlich den zweiten Zaun repariert hatte, ging der Streit um den dritten Zaun in die nächste Runde. Inzwischen war David Vall sen. verstorben, doch Koepjohann ließ nicht locker und bot mit dem Zimmerpolier Gottfried Kummert einen Zeugen auf, der beweisen sollte, dass die Pflicht zur Unterhaltung des strittigen Zauns stets bei den Nachbarn gelegen habe.

Kummert bestätigte, vor einigen Jahren von dem Lohgerber Filhes mit der Zaunreparatur beauftragt und dafür auch von ihm bezahlt worden zu sein, sah sich aber außerstande, dessen Verantwortlichkeit mit Gewissheit zu bekunden, da der damalige Bewohner des Hesseschen Grundstückes, Geheimrat Graumann, sich um nichts bekümmert, und Filhes möglicherweise nur notgedrungen die Wiederherstellung des Zauns veranlasst habe.

Aufgrund der Beweislage kam das Gericht am 28. April 1761 zu dem Urteil, dass der strittige Zaun, je zur Hälfte, von beiden Parteien gemeinschaftlich zu unterhalten sei und der Kläger die Prozesskosten zu übernehmen habe, da bei ihm die Beweispflicht gelegen hatte.

Koepjohann, fest davon überzeugt, im Recht zu sein, nahm das nicht hin und focht, obwohl ihm keine neuen Beweise zur Verfügung standen, auch dieses Urteil an. In einem Schreiben vom 7. Mai teilte er der Bau Commission mit: »die in Sachen meines wieder meine Nachbarn David Vall u Cons unterm 28. m. p. eröffnete Sententz, graviret mich […] darinnen

1. daß erkannt worden, dass von mir nichts bewiesen sey
2. daß ich in die Kosten contemniret bin.

ich sehe mich dannenhero gemüßiget von diesem bescheide an das hochpreuß. hoff u Cammer Gericht zu appeliren, und Eur. gehorsamst zu bitten der appellation zu deferieren und acta dorthin einzusenden.«[43]

Tags darauf erschien er persönlich bei Gericht und verlangte, dass den Lohgerbern der Eid abgenommen werden solle, um auf diese Weise die Wahrheit ans Licht zu fördern. Die Bau Commission übergab das Aktenkonvolut postwendend dem König.

Vier Monate verstrichen – Preußens Armee, in Schlesien von einer zahlenmäßig überlegenen russischen und österreichischen Streitmacht bedrängt, befand sich in einer ausweglosen Lage –, als im September die Vorladungen an Filhes et Consorten doch noch verschickt wurden. Denen war die Frist bis zum 28. Oktober aber zu »enge«, sodass ein neuer Termin für den 18. November anberaumt werden musste, der ebenfalls platzte, weil die Beklagten zur Messe in Erfurt weilten. Am 16. Dezember fehlte einer der ihren, Anton Vall, wegen Krankheit. Erst am 20. Januar 1762 waren alle Eide eingeholt. Im Ergebnis wurde das vorangegangene Urteil bestätigt.

Koepjohann hingegen fand sich immer noch nicht ab und versuchte nun, wenigstens die ihm aufgebürdeten Gerichtskosten in Höhe von 15 Reichstalern, 1 Groschen und 7 Pfennigen zu mindern, indem er geltend machte, dass er an den wiederholten Terminverschiebungen keine Schuld trage und ihm die entstandenen Mehrkosten somit auch nicht angelastet werden könnten. Es nützte nichts; das Gericht hatte kein Einsehen. Da sich die Sache jedoch zwei weitere Jahre hinzog, stiegen noch einmal die Prozesskosten.

Ob Koepjohann von seinem juristischen Beistand nur schlecht beraten wurde oder Agens in diesem Streit war, lässt sich nicht zuverlässig entscheiden. Während er als Geschäftsmann aber mit Umsicht und Geschick handelte, neigte er als Privatmann wohl zu Unbesonnenheit und Unbeherrschtheit. Ein cholerisches Temperament scheint ihm eigen gewesen zu sein.

Trotz des ihm nachgesagten Widerwillens gegen Anwälte und Richter kamen für Koepjohann außergerichtliche Einigungen noch weniger in Frage.

Am 15. Juni 1765 reichten die Nachbarn Ephraim et Söhne Klage beim Baugericht ein. Veitel Heine Ephraim, Schutzjude, Hofjuwelier und Pächter der Münze, finanzierte die Kriege von Friedrich dem Großen und war einer der reichsten Männer Preußens, wovon bis heute sein Wohnhaus, das Ephraimpalais, zeugt. Streitpunkt zwischen den Parteien war auch hier der Grenzzaun: »Es will der Köpjahn vorgeben, daß die Pfähle des Zauns auf unserer Seite stünden, wir auch demnach gehalten wären, den Zaun allein zuhalten. Wir fügen anbey einen Copeylichen Vergleich /wovon wir das Original zu seiner Zeit produciren werden:/ zwischen denen damahligen Besitzern Hoff-Rath v. Köhler und den Kauffmann Hessen vom 30ten July 1736 vermöge dessen dieser zaun auf beyder Theile Kosten angefertiget werden soll.«[44]

Die Sachlage war eindeutig, trotzdem wartete Koepjohann die gerichtliche Vorladung ab. In dieser Starrköpfigkeit blieb er sich treu. Noch im Alter trug er Streitigkeiten mit Nachbarn, so den Gräflichen v. Reußschen Erben, wegen der Grenzzäune aus. Am 28. Dezember 1783 hielt der Protokollant in einer Anhörung fest: »Es wurde zwar noch die Güte versucht, solche war aber vergebens, weil sich keiner zur haltung des Zaunes weder ganz noch zum theil verstehen wollte.«[45]

Sicher, der Unterhalt der Zäune stellte einen erheblichen Kostenfaktor dar. Insofern war es für jeden der Beteiligten wichtig, die Verantwortlichkeiten genau feststellen zu lassen. In Sachen der v. Reußschen Erben, deren Garten an eines seiner Felder grenzte, empfand Koepjohann es geradezu als Zumutung, dieses einzäunen zu sollen. Damit mochte er vom Standpunkt des sprichwörtlich gesunden Menschenverstandes Recht gehabt haben, vor Gericht freilich nicht. Entgegengehalten wurde ihm: »Der Einwand […] das nimand sein feld einzäunen schuldig sey, könne gegenwärtig keine Anwendung finden, da solches innerhalb der Stadt belegen und mithin als kein freies feld anzusehen sey.«[46]

Spitzfindigkeiten wie diese waren es wohl, die Koepjohann zur Weißglut trieben. Seine bis zur Sturheit reichende Geradlinigkeit dürfte ihm freilich nur wenige Freunde gemacht haben. Er, der sich als großzügiger Stifter erweisen sollte, scheint als Mensch eher ein schwieriger Charakter gewesen zu sein.

Nach dem Siebenjährigen Krieg

Als am 5. Januar 1762 Zarin Elisabeth gestorben war und der preußenfreundliche Peter III. das Zepter in Russland übernahm, wendete sich für Friedrich II. die schier aussichtslose Lage im Siebenjährigen Krieg. Der Zar kündigte nicht nur die Koalition mit Österreich auf, sondern schloss vier Monate später auch einen Separatfrieden mit dem Gegner. Damit konnte sich Friedrich ganz auf die Österreicher und Sachsen sowie die mit ihnen operierende Reichsarmee konzentrieren.

Am 29. Oktober 1762 fand im sächsischen Freiberg die entscheidende Schlacht statt, aus der die preußischen Truppen unter Führung von Prinz Heinrich, dem Bruder des Königs, als Sieger hervorgingen. Am 15. Februar unterzeichneten Österreich und dessen Bündnispartner Sachsen auf Schloss Hubertusburg den Friedensvertrag. Friedrich der Große, wie ihn fortan seine Zeitgenossen nannten, hatte Schlesien endgültig an sich gerissen.

»Der Jubel über den glücklichen Ausgang des Krieges im Jahre 1763 konnte freilich nicht verdecken, daß die wirtschaftliche Grundlage des Staates angegriffen war. […] Es bedurfte eines ganzen Kataloges politischer und wirtschaftlicher Maßnahmen, die Folgen des Krieges zu beseitigen.«[47]

Zu den von Friedrich umgehend eingeleiteten Schritten zählten die Gründung der Königlichen Bank und der »See- und Assekuranzgesellschaft«, um die Abhängigkeit des Berliner Handels von den Hamburger Banken zu verringern. Darüber hinaus drang er auf die Verbesserung des Manufakturwesens. Die Gründung von Firmen wurde staatlich bezuschusst, die Ansiedlung neuer Gewerbezweige ausdrücklich gefördert. Er selbst initiierte eine Reihe von Bauvorhaben. Unmittelbar nach Beendigung des Krieges begann der Bau des Potsdamer Neuen Palais und bald darauf der des Belvederes auf dem Klausberg. In Berlin wurde 1773 die katholische Hedwigskirche fertig gestellt. Mit dem Französischen Komödienhaus am Gendarmenmarkt und der Königlichen Bibliothek am Opernplatz folgten ab Mitte der 1770er Jahre weitere größere Projekte.

Bereits zwischen dem Zweiten Schlesischen Krieg und dem Siebenjährigen Krieg hatte der König das Oderbruch trockenlegen und kolonisieren lassen. Dasselbe geschah ab 1763 mit Netze- und Warthebruch. All diese Maßnahmen führten zu einer kräftigen Konjunktur, die auch den Berliner Schiffbauern neuen Auftrieb gaben.

Nicht ohne Stolz vermerkt Nicolai in seiner »Beschreibung der königlichen Residenzstädte Berlin und Potsdam« über die »Schiffbauerey oder Schiffszimmerkunst«: »Da die Kurmark mit Flüssen und Kanälen mehr wie irgend ein deutsches Land durchschnitten ist, so entsteht durch die Handlung, und den Transport des Salzes,

Schloss Hubertusburg, Wermsdorf

Brennholzes, Nutzholzes, Ziegelsteine und Bruchsteine, und der Steinkohlen, eine ansehnliche inländische Schiffahrt. Daher ist auch in Berlin das Bauen der Schiffe ein beträchtliches Gewerbe. Am Schiffbauerdamm wohnen Köppjan, Meyer u. a. Im Dorfe Schulzendorf (vor dem Oranienburger thore 1 ½ Meile von Berlin) ist deshalb eine Kolonie von Segelmachern angelegt.«[48]

Nicolais Hervorhebung von Koepjohann und Meyer legt nahe, dass beider Werften zu den bedeutendsten zählten. Über die Anzahl der Mitarbeiter lassen sich indes keine zuverlässigen Aussagen treffen. Sechs Gesellen, zwei Kutscher, ein Gärtner und eine Köchin wurden von Koepjohann später im Testament bedacht. Sie dürften aber nicht die einzigen Beschäftigten gewesen sein, sondern lediglich zum festen Personal gehört haben.

Vermutlich hatte er zu dieser Zeit auch schon die Kapazität des Betriebes reduziert, denn auf dem väterlichen Grundstück, Schiffbauerdamm 12, war von George Peter Laackmann (bei dem es sich wohl um einen Neffen seiner Schwester Anna Sophia und ihres Mannes Peter Laackmann handelte) inzwischen eine weitere Werft eröffnet worden.

1774 wurde der Schiffbauerdamm verwaltungsmäßig von der Dorotheenstadt abgetrennt und der Spandauer Vorstadt zugeschlagen. Damit gehörte das Ehepaar

Königin Sophie Louise

Ansicht der Sophienkirche 1837

Koepjohann nicht mehr länger zur Dorotheenstädtischen Gemeinde, sondern zur Sophiengemeinde. Diese war am 31. August 1712 durch Königin Sophie Louise, der dritten Gemahlin von Friedrich I., begründet worden. Nur zehn Monate später, am 18. Juni 1713, hatte die Einweihung des Gotteshauses stattgefunden. Auf Kosten von König Friedrich Wilhelm I. war 1729–35 von dem Baumeister Friedrich Grael der knapp 70 Meter hohe Turm errichtet worden, der heute den einzigen noch weitgehend original erhaltenen barocken Kirchturm im Innenstadtbereich darstellt.

Die Sophiengemeinde

Abgesehen vom regelmäßigen Gottesdienstbesuch, der vorausgesetzt werden darf, scheint Koepjohann sich aber auch in der neuen Gemeinde zunächst kaum hervorgetan zu haben. In der Chronik ist von ihm zu diesem Zeitpunkt noch keine Rede. Dabei war die finanzielle Situation hier genauso angespannt wie in der Dorotheenstädtischen Kirche. Neben der obligaten Vermietung des Dachbodens als Montierungskammer wurden in Sophien die Kirchenstühle nicht wie üblich verkauft, sondern in drei Kategorien zu 8, 6 und 4 Groschen vermietet, um die laufenden Ausgaben decken zu können.

Schwierigkeiten bereiteten jedes Mal außerplanmäßige Ausgaben wie der 1771 erfolgte Einbau einer Gruft. »Für den Zustand der Kirchenkasse ist dabei sehr interessant, daß der Maurermeister Zelter, der Vater des Direktors der Singakademie, durch fünf Stellen zu 25 Talern zum Teil bezahlt wurde. Es soll übrigens der Direktor Zelter, der Freund Goethes, als Lehrling an diesem Gewölbe mitgearbeitet haben.«[49]

Möglicherweise hielten Spannungen innerhalb der Gemeinde Koepjohann davon ab, sich über das Notwendige hinaus einzubringen, herrschten doch seit längerem zwischen den beiden Predigern, Johann David Bierdemann und Friedrich Christian Holtzapfel, Misshelligkeiten wegen ihrer unterschiedlichen Besoldung. Holtzapfel, der das zweite Pfarramt bekleidete, hatte sich sogar an den König gewandt, dafür jedoch eine strenge Rüge erteilt bekommen. Solche Zwistigkeiten beeinträchtigten selbstverständlich das Gemeindeleben. Koepjohann, ungern einem Streit aus dem Wege gehend, tat in diesem Fall aber wohl das Gescheiteste, nämlich nichts.

Auch der Tod seiner Frau brachte ihn offenbar der Gemeinde nicht näher. Maria Elisabeth Koepjohann starb am 26. April 1776 im Alter von 54 Jahren. Der Eintrag im Sterberegister unterblieb aus Schlampigkeit und lässt erahnen, dass in der Amtsführung bei Sophien einiges im Argen lag.

Grabmal Zelter

Grabmal Koepjohann

Grabmal Koepjohann (Detail)

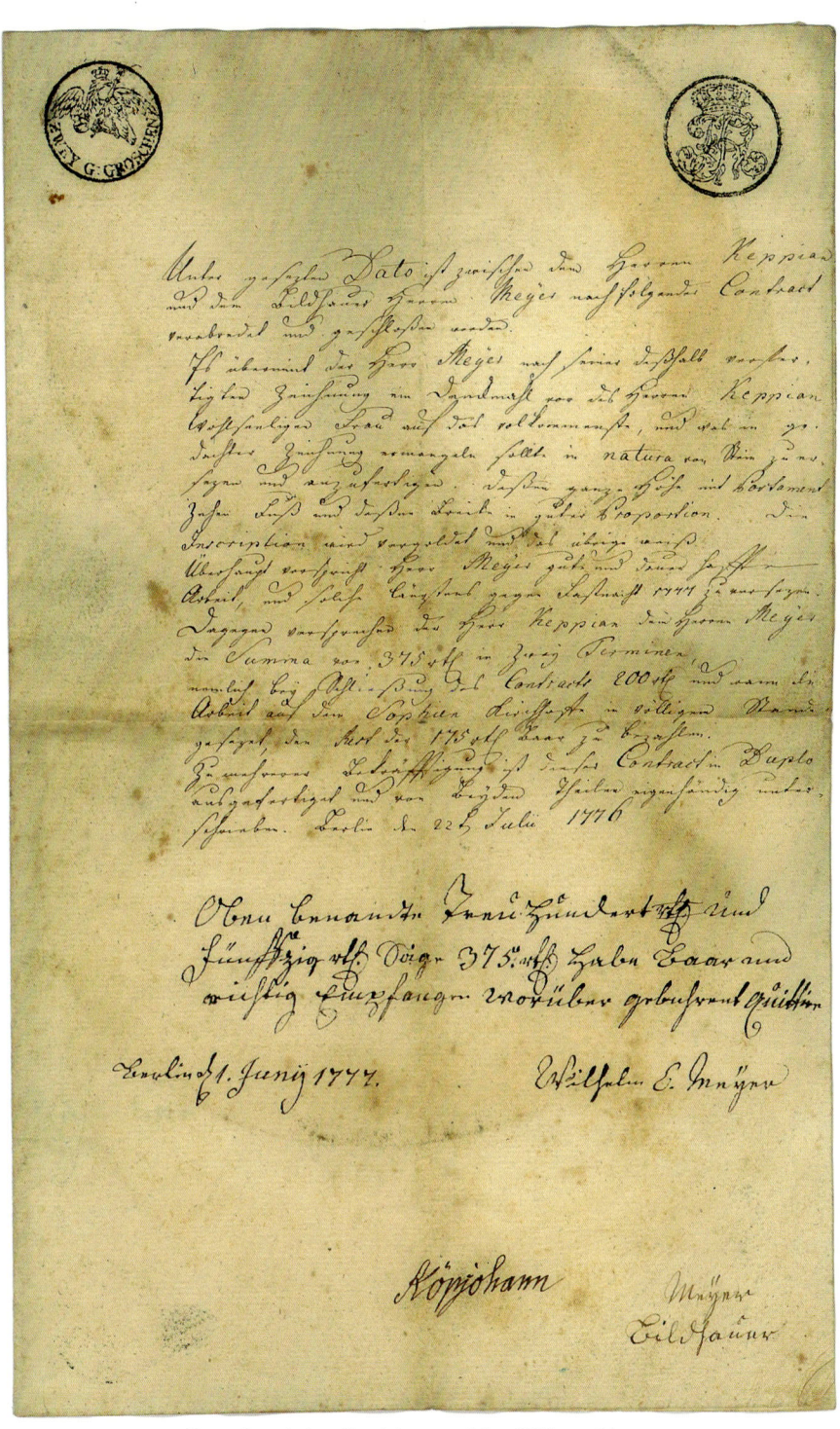

Kontrakt zwischen Koepjohann und dem Bildhauer Meyer

Orgelprospekt

Wie sehr Koepjohann der Verlust der Gattin schmerzte, wird jedoch noch heute deutlich. Auf dem Sophienkirchhof steht das eindrucksvolle Grabdenkmal, das er ihr errichten ließ. Eine bewegte Engelsfigur erhebt sich über einem Podest und hält ein offenes Buch in den Händen. Zu lesen sind die Worte aus der Offenbarung Johannis 14,13: »Selig sind die Todten, die in dem Herrn sterben«. Zu Füßen der Skulptur vergießt ein Füllhorn irdischen Reichtum. Winkel und Zirkel, Werkzeuge des Schiffszimmermanns, liegen am Boden. Ein Putto verhüllt das Gesicht zur Trauer.

Das Grabmal, ein Ehrengrab des Landes Berlin, gehört in der Bundeshauptstadt zu den raren barocken Friedhofsplastiken, die nicht im Museum untergebracht sind, sondern noch an ihrem ursprünglichen Standort stehen.

Die Ausführung hatte Koepjohann dem berühmten und viel beschäftigten Bildhauer Wilhelm Christian Meyer übertragen. Dessen Autorschaft wurde von Kunsthistorikern zwar vermutet, konnte aber bislang nicht belegt werden. Inzwischen ist das Original des Kaufvertrages, das sich im Besitz eines Nachfahrens der Familien Koepjohann/Laackmann befindet, wieder aufgetaucht. Darin quittiert Meyer am

Bitte als Postkarte freimachen

Antwort

be.bra verlag GmbH
– Kundenbetreuung –
KulturBrauerei Haus 2
Schönhauser Allee 37

D-10435 Berlin

Tel.: 030 / 440 23 810   Fax: 030 / 440 23 819   post@bebraverlag.de

Absender

Name   Vorname

Straße

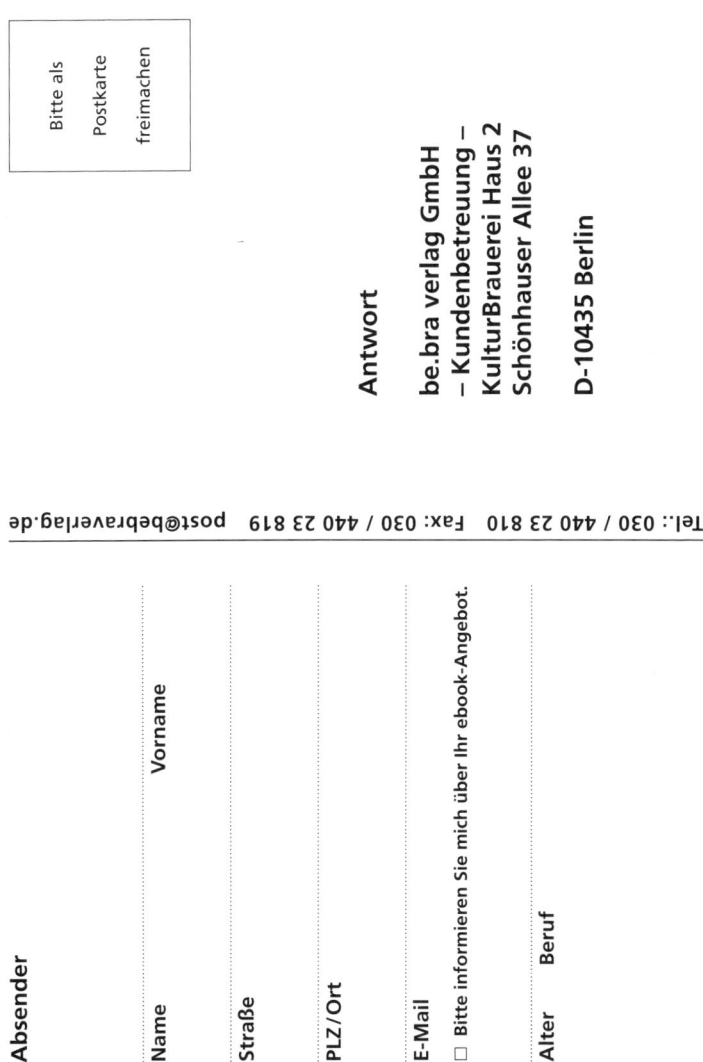

PLZ/Ort

E-Mail
☐ Bitte informieren Sie mich über Ihr ebook-Angebot.

Alter   Beruf

Liebe Leserin, lieber Leser,

wir freuen uns über Ihr Interesse an unserem Verlagsprogramm. Auch in Zukunft möchten wir Sie gern **kostenlos** über wichtige Themen informieren (per Post und E-Mail). Deshalb bitten wir Sie, diese Karte ausgefüllt an uns zurückzusenden.

Als Dank für Ihre Mitarbeit verlosen wir unter den Einsendern pro Monat ein Buch aus unserem Programm, das Ihren Interessen entspricht. (Der Rechtsweg ist ausgeschlossen)

Diese Karte habe ich folgendem Buch entnommen:

_____

Ich interessiere mich für:

☐ Zeitgeschichte ☐ Sachsen
☐ Geschichte ☐ Belletristik
☐ Biografien ☐ Japan Edition
☐ Berlin ☐ Krimis
☐ Brandenburg ☐ Wissenschaft

Aufmerksam wurde ich auf das Buch durch:

☐ _____

EXTRA-GEWINNCHANCE!
Besuchen Sie unsere Website
www.bebraverlag.de
und gewinnen Sie weitere attraktive Preise.

be.bra verlag
edition q / berlin edition

www.bebraverlag.de

Dieses neüe der Ehre Gottes gewidmete schöne Orgelwerk ist auf Ostern 1789 angefangen und 1790 um gleiche zeit vollendet so das daselbe am Sontage Jubilate zum Gottesdinstlichen gebrauch eingeweihet worden.

Herr Johann Friedrich Köpjohan vornehmer Bürger Eigenthümer und Schiffbauer Meister hat sich durch schenkung der Kosten zu der Orgel sowohl als zu ihrem Chor bey dieser Kirche eingesegnetes Andenken gestifftet.

Herr Christian Ernst Kühze Pastor und erster Prediger dieser Gemeine hat sowohl über den Bau der Orgel als über die deshalb nötigen Veränderung in der Kirche und Verschönerung, durch Hülffe einiger liebreichen beyträge wohlgesinter Mittglieder der Gemeine die Aufsicht geführt, und der berühmte Orgelbauer Herr Ernst Marx hat die Orgel verfertiget.

Gedenktafel am Orgelprospekt

1. Juni 1777 den Empfang der Restsumme von 175 Reichstalern, nachdem er bereits bei Schließung des Vertrages im Vorjahr 200 Reichstaler erhalten hatte.[50]

Im Jahre 1784 starb der zweite Prediger an Sophien. An seine Stelle rückte Christian Ernst Kühtze, der zuvor gleichzeitig in Buch und Karow tätig gewesen war. Zwei Jahre später, nach dem Tod Bierdemanns, wurde Kühtze ins erste Pfarramt berufen. Als zweiten Prediger wählte die Gemeinde den 34-jährigen Karl Gottlieb Schultze. Der Sohn eines Grundbesitzers aus Pyritz in Pommern hatte seine Probepredigt über Matth. 5, 20–26, »Von den schädlichen Folgen der eingebildeten Frömmigkeit« gehalten und unter den drei Bewerbern mit Abstand die meisten Stimmen auf sich vereinigt.«[51]

Das muss den glaubensfesten, aber keineswegs frömmelnden Koepjohann, den das Zeitalter des Rationalismus geprägt hatte, beeindruckt und allmählich ans Gemeindeleben herangeführt haben.

Beredter Ausdruck dafür ist die Orgel in der Sophienkirche. Sie wurde 1789/90 von dem renommierten Orgelbauer Ernst Marx, einem Schüler Joachim Wagners, geschaffen und von Koepjohann bezahlt. Die Aufstellung des imposanten Instruments erforderte außerdem den Bau einer neuen Westempore, deren Kosten er ebenfalls übernahm. Pastor Kühtze überwachte mit Umsicht die Arbeiten.

Am Orgelgehäuse befindet sich eine an den Stifter erinnernde Gedenktafel, die entweder kurz vor oder bald nach der Einweihung des Instruments angebracht wurde. Erstmals erscheint hier der zweite Vorname *Johann* Friedrich Köpjohann. Nicht ausschließen lässt sich, dass dies auf einen Scherz zwischen ihm und dem Obrist Johann Friedrich v. Meerkatz zurückging, aber es sollte wohl auch, ebenso wie mit dem Zitat aus der Offenbarung Johannis am Grabmal seiner Frau, das Glaubensbekenntnis unterstrichen werden.

Das Testament

Aus den persönlichen Aufzeichnungen von George Peter Laackmann geht hervor, dass der »Herr Vetter Koepjohann« am Podagra litt, »welches ihn im Leibe gestiegen war«.[52] Durch die Fußgicht, die bei chronischem Verlauf zur Schädigung der Nieren führt, wahrscheinlich schon geschwächt, aber noch im Vollbesitz seiner geistigen Kräfte ließ der 75-Jährige am 3. Juni 1792 sein Testament aufsetzen, in dem es eingangs heißt:

»Da ich durch die Gnade des Allerhöchsten Gottes zu einem so hohen Alter gelangt bin, in welchem ich wohl nicht auf ein weiteres langes Leben rechnen kann, so habe ich für nötig gefunden, jetzt bei noch gutem Gebrauche meiner Seelenkräfte, auf den Fall meines Absterbens meinen letzten Willen in folgendem abzufassen.

Zuvörderst danke ich dem Allerhöchsten für die, während meiner ganzen Lebenszeit mir erwiesenen vielen Wohltaten, und empfehle meine Seele zur Aufnahme in sein ewiges Freudenreich.«[53]

Koepjohanns Demut gegenüber seinem Gott, in die sich angesichts der tückischen Krankheit kein Hadern mischt, keine noch so leise Frage »Warum ich?«, berührt und zeigt ihn von einer Seite, die ebenso zu ihm gehörte wie der Streithahn und knallharte Geschäftsmann. Den nahen Tod vor Augen mochte das, was ihn lebenslang umgetrieben hatte, bedeutungslos geworden sein, aber völlig neue Züge waren das nicht, die sich da in seinem Testament mitteilen.

An Selbstbewusstsein fehlte es ihm nicht (so bittet er nicht für seine Seele, sondern empfiehlt sie), doch Anmaßung war ihm fremd. Kleinlich zuweilen und rechthaberisch, konnte er indes auch generös und warmherzig sein. Und wer erst einmal sein Vertrauen gewonnen hatte, dem war er ein verlässlicher Partner, ein treuer und fürsorglicher Freund.

Im Testament legte er fest, »daß der Königliche Obrist Herr v. Meerkatz und dessen Frau Gemahlin auf ihre Lebenszeit die Befugnis haben sollen, in der Wohnung, die sie jetzt in der oberen Etage meines gedachten Hauses besitzen, nebst dem was dazu gehört, für die bisherige Miete der jährlich 200 rt in Courant zu bleiben, und soll diese Miete schlechterdings nicht erhöhet werden«.[54]

1790 betrug die Jahresmiete für einfache Wohnungen in Berlin 10 bis 12 Reichstaler. Die Wohnung, in der v. Meerkatz und Gattin residierten, erfüllte demgegenüber schon gehobene Ansprüche. Nun zählten Offiziere zwar nicht zu den Großverdienern in Preußen (ein Leutnant war auf die Unterstützung durch die Familie angewiesen), aber als Oberst und Kommandeur des 1. Artillerieregiments bedurfte er kaum noch eines solchen Entgegenkommens durch den Vermieter. Beide, den Schiffbaumeister und den Offizier, verband denn wohl auch mehr als nur ein gut nachbarschaftliches Verhältnis.

Meerkatz, Sohn eines Militärs und späteren Amthauptmannes, kam ebenfalls aus einfachen bürgerlichen Verhältnissen und war erst aufgrund seiner Verdienste in den Schlesischen Kriegen geadelt worden. Wie Koepjohann hatte auch er keine höhere Schule besucht, sondern von der Pike auf gedient. Da trafen zwei Männer der Praxis, frei von Standes- oder Gelehrtendünkel, aufeinander, die es, jeder auf seinem Gebiet, zu gesellschaftlichem Ansehen gebracht und sich vermutlich auf Anhieb verstanden hatten.

1793 rückte v. Meerkatz zum Generalmajor und zwei Jahre später zum »Generalinspekteur der gesamten Artillerie« auf.[55] 1798 wurde er Generalleutnant.[56] Scharnhorst wandte sich, nachdem er 1801 als Oberstleutnant in den Dienst Preußens getreten war, mehrfach an ihn, um sich Rat für die angestrebte Erhebung in den Adelsstand einzuholen bzw. ihm seine Vorstellungen von einer Heeresreform zu unterbreiten.[57]

Obwohl v. Meerkatz eine Spitzenposition in der preußischen Armee einnahm, sollte sich die Testamentsverfügung seines Vermieters und Freundes noch als Segen erweisen. 1793 hatten sich die Mieten in Berlin bereits verdoppelt. Nach der verheerenden Niederlage von Jena und Auerstädt 1806 schließlich, an der v. Meerkatz aufgrund seines fortgeschrittenen Alters nicht mehr teilgenommen hatte, und der darauf erfolgten Besetzung Preußens durch Napoleon, sah sich König Friedrich Wilhelm III. außerstande, dem verdienstvollen General eine Pension zu zahlen.

Einiges spricht dafür, dass Koepjohann mit der Abfassung des Testaments zunächst nur die Aufteilung des Erbes unter die Verwandtschaft und die Abfindung der Mitarbeiter vorgehabt hatte zu regeln. Als Universalerben, denen er das Grundstück Schiffbauerdamm 12 übertrug, setzte er zu gleichen Teilen George Peter Laackmann und dessen Ehefrau Maria Elisabeth ein.

Weitere Angehörige, die von ihm im Testament bedacht wurden, waren Söhne und Töchter seiner verstorbenen Schwestern sowie Verwandte seiner Frau. Allein diese Summe belief sich auf stolze 25.600 Taler. Daneben setzte er einer Havelberger Cousine jährlich 80 Taler aus, »solange sie lebt«.

Die zehn Angestellten erhielten insgesamt 1.150 Taler, die beiden Kutscher zusätzlich »den Lohn des Sterbequartals und noch ein Vierteljahr Lohn«.[58]

Nach heutigem Wert stellte Koepjohann ein Millionenvermögen zur Verfügung, um die Mitglieder seiner weit verzweigten Familie (die ihm nicht einmal alle namentlich bekannt waren) und seine Mitarbeiter auszuzahlen.

Welche Gründe ihn dazu bewogen, außerdem eine mildtätige Stiftung für bedürftige Familienangehörige sowie für Witwen und Waisen lutherischen Glaubens aus der Spandauer Vorstadt zu gründen, sind dem Testament nicht zu entnehmen. Durchaus möglich ist, dass der Anstoß von Prediger Kühtze kam, wie Wilhelm Witte schon in der Festschrift von 1912 mutmaßte. Der Boden muss jedoch längst bereitet gewesen sein.

Als Schiffbauer und Unternehmer hatte Koepjohann zu Menschen aus unterschiedlichsten Bevölkerungsschichten Kontakt. Das dürfte nicht nur seine Menschenkenntnis, sondern auch seinen Blick für die sozialen Missstände geschärft haben. Die französische Revolution, die in Berlin lebhaft, wenn auch hinter vorgehaltener Hand diskutiert wurde, warf überdies ein Licht auf die Misere im eigenen Land. Weit davon entfernt, selbst ein Umstürzler zu sein oder sich eine Revolution herbeizuwünschen, zog er es als Christ vor, Verantwortung zu zeigen, indem er Barmherzigkeit übte:

»Vermache und bestimme ich mein auf dem Schiffbauerdamm allhier gelegenes Haus, worin ich wohne und unter der Jurisdiktion eines hochpreußischen Kammergerichts steht, nebst dem dazu gehörigen und dabei gelegenen Garten und Feld, auch Ackergeräte zur Unterhaltung der jetzigen und künftige armen Witwen und Waisen aus dem Bürgerstand der Spandauer Vorstadt, meiner und meiner verstorbenen Frauen Familie, und zwar so, daß das gedachte Haus zu beständigen Zeiten das Koepjohann'sche Armenhaus heißen und niemals aus welchem Grunde auch immer mit Schulden belastet oder verkauft werden soll.«[59]

An armen Witwen und Waisen sollte auch künftig kein Mangel herrschen, schmiedeten doch Österreich und Preußen – Kaiser Leopold II. und König Friedrich Wilhelm II. – bereits eine Koalition zur Unterstützung Ludwigs XVI. und der gegenrevolutionären Kräfte in Frankreich. Das bedeutete nichts anderes als Krieg.

Weiter heißt es im Testament: »Dieses Haus, Garten und Feld, sollen vom Ablauf des nächsten Quartals, nach dem Quartal, worin ich sterbe, beständig vermietet, und die Miete nach Abzug der Lasten und Reparaturkosten vorzüglich an arme Witwen und Waisen aus meiner Anverwandtschaft, proportionirlich zugeteilt, aber auch die übrigen armen Witwen und Waisen der Bürger aus der Spandauer Vorstadt nicht ganz zurückgesetzt, in Ermangelung der ersteren aber den letzteren ganz ausgezahlt, und kein Kapital davon angesammelt werden.«[60]

Außerdem brachte Koepjohann ein Kapital von 5.000 Reichstalern Courant in die Stiftung ein. »wovon die Zinsen zu jenen Haus-Revenüen stoßen und zu eben dem Behuf verwendet werden sollen. Aber auch dieses Kapital soll niemals angegriffen werden, dagegen aber auch die Zinsen nicht zu Kapital geschlagen, sondern jährlich rein ausgezahlt werden, es wäre denn, daß ein Teil des Kapitals verloren gegangen sein sollte, welches alsdann ergänzt werden soll«.[61]

Belehrt durch seine Erfahrungen mit Ämtern und Gerichten, gedachte er weder kirchlichen noch staatlichen Stellen die alleinige Aufsicht über die Stiftung und deren Vermögen zu überlassen. Er bestimmte, dass in das Leitungsgremium sowohl geistliche Vertreter – die beiden Prediger der Sophiengemeinde – »mit Hinzuziehung zweier bemittelter Mitglieder der Gemeinde«[62] – entsandt werden müssen, die ihrerseits dem Oberkonsistorium rechenschaftspflichtig seien. Da die höchste kirchliche Verwaltungsbehörde aber dem preußischen Staat unterstand, war ein rechtliches Konstrukt geschaffen, das doppelte und dreifache Kontrolle gewährte.

Für die mit der Administration betrauten Pfarrer setzte er ein jährliches Honorar von 100 Talern aus, das aus den zu erwartenden Mieteinnahmen bestritten und unter ihnen geteilt werden sollte. Außerdem behielt er sich vor, ein »förmliches Reglement« für die Stiftungsarbeit zu entwerfen, »nach welchem es alsdann schlechterdings gehalten werden soll«.[63]

Dazu kam es nicht mehr. Johann Friedrich Koepjohann starb am 6. Juni 1792 an den Folgen eines »Schlagflusses«.[64] Drei Tage später, einem Samstag, wurde er auf dem Sophienkirchhof neben seiner Frau beigesetzt. Die Publikation des Testamentes erfolgte am 28. Juni des Jahres.

Das Reglement

Für den Fall, dass er durch den Tod verhindert werde, das Regelwerk der Stiftung noch selbst zu konzipieren, hatte Koepjohann als »Executor Testamentari« den Hofrat Wilhelm Heinrich Ferdinand Michaelis benannt.

Ein Dreivierteljahr später, am 20. März 1793, legte dieser das Reglement vor, in dem sich der letzte Willen des Verstorbenen akribisch umgesetzt fand.

Unter § 1 stellte Michaelis noch einmal klar: »Da, wie gedacht, der Erblasser bloß Einem Hochlöblichen Ober-Consistorio die Aufsicht über diese Stiftung anvertrauet hat, so darf sich um die Verwaltung derselben und um die Verteilung des Armengeldes, weder ein Wöhllöbl. Armen-Directorium allhier, noch die Königliche Oberrechenkammer, noch auch der Magistrat hiesiger Residenzen, noch sonst jemand bekümmern, sondern bloß Hochgedachtes Ober-Consistorium behält ein Recht zur Aufsicht auf die Sicherheit, richtige Verwaltung und Verteilung, daher auch demselben die Befugnis zustehen muß, nicht allein jährlich eine Rechnungsablegung von dem im Testamente zu Administratoribus der Stiftung ernannten beiden Herrn Prediger der Sophien-Kirche allhier zu fordern, sondern auch zu jeder Zeit, Nachweisungen, Erläuterungen und Verantwortungen dieser Administration und der beiden zuzuziehenden Mitglieder der Gemeinde der Sophien-Kirche zu verlangen«.[65]

In insgesamt 26 Paragraphen erhielt die Stiftung eine detaillierte Arbeitsgrundlage, die von der regelmäßigen Rechnungslegung über Fragen der Vermietung, Verpachtung und Anlage des Kapitals bis hin zu Rechten und Pflichten der Administratoren reichte. Zu den Anspruchsberechtigten der Stiftung führte Michaelis aus: »Es müssen demnach auf Seiten der Verwandten, sowohl die Witwen, welche selbst aus der Familie des Testatoris und seiner Ehefrau abstammen, als auch solche die mit Männern aus dieser Familie verheiratet gewesen sind, aber keineswegs Verwandte dieser letzteren, zum Genuß der Almosen aus dieser Stiftung zugelassen werden, jedoch nur in so fern sie arm sind.

Auf Seiten der Einwohner der Spandauer Vorstadt dürfen keine anderen Armen, Witwen und Waisen zu solchem Genusse gelangen, als die aus dem eigentlichen Bürgerstan-

Grabmal Koepjohann (Detail)

de sind, und deren resp. Männer und Väter bürgerliche Nahrung getrieben haben; folglich sind gänzlich davon ausgeschlossen: alle Witwen und Waisen der Adeligen, der Geistlichen, der Militärpersonen und ander Königl. Bedienten und der Magistrats-Personen, sowie aller übrigen, die nicht zum eigentlichen Bürgerstande gehören.

Auf Seiten der Verwandten können diese Stände nicht ausgeschlossen werden, wie es denn bei diesen Verwandten nicht darauf ankommt, ob sie sich in Berlin und insbesondere in der Spandauer Vorstadt aufhalten oder nicht, wogegen die Witwen und Waisen der Spandauer Vorstadt sich in Berlin befinden müssen, wenn sie zur Perception qualifiziert sein sollen. Da auch der Erblasser durch die armen Witwen und Waisen die Bürger der Spandauer Vorstadt, eigentlich solche verstanden hat, die zur Sophien-Kirche allhier gehören, welches er dadurch hinreichend zu erkennen gegeben, daß er den Herren Prediger dieser Kirche zu welcher er sich auch hielt, die Administration und Verteilung aufgetragen hat, so wird hierdurch festgesetzt, daß keine anderen armen Witwen und Waisen der Bürger der Spandauer Vorstadt das Armengeld genießen können, als die Lutherische Confession und Mitglieder der Sophien-Kirche sind. In Ansehung der Anverwandten aber bleibt es gleichgültig, von welcher Confession sie sind, und zu welcher Kirche sie sich halten, da bei selbigen gar keine Einschränkung im Testamente gemacht ist.«[66]

Damit die Stiftungsgelder »aufs möglichste verwendet werden«, setzte Michaelis »eine dreifache Art der Verteilung fest, die in vierteljährlichen Raten und zwar genau zu Anfang eines jeden Quartals zu erfolgen habe: »1. um die Armen in den Stand zu setzen, ihren sie drükenden Mietzins zu erlegen. 2. zur Zeit des angehenden Winters, im November, um sich mit Holzvorrat zu versehen. 3. zu außerordentlichen Unterstützungen: um entweder eine, ohne ihre Schuld verarmte Familie aufzuhelfen, sie zur Broterwerbung in den Stand zu setzen, oder ihre Kinder zu ihrem Einkommen unterzubringen oder unterrichten zu lassen, wobei aber immer nach dem Willen des Testatoris, nur auf Witwen und Waisen gesehen werden kann.«[67]

Nach den Berechnungen von Michaelis, dessen kleiner Additionsfehler hier stillschweigend übergangen werden soll, konnte das Koepjohann'sche Armen-Institut bis 1799 zunächst mit jährlich folgenden Einnahmen rechnen:

»1. Herr General-Major von Meerkatz giebt jährliche Miete in Courant   200 Th.
2. Der Schiffbauermeister Laackmann und seine Frau, sind besage des von mir, am 8. Jan. aufgenommenen Protokolls, meistbietende geblieben, auf alles übrige was im Hause nebst Garten und Feld zu vermieten war, mit in Courant   487 Th.
3. vom Kapital der 5000 Taler will ich nur die Banco-Zinsen zu
    $2^{1/2}$ % rechnen mit   120 Th.
    Es kommen also wenigstens ein   807 Th.
    Hiervon werden abgezogen für die Herren Prediger   100 Th.
    an jährlichen Reparaturen und Abgaben   100 Th.
        200 Th.
Die reine zur Verteilung übrigbleibende Summe würde also jährlich ungefähr betragen   607 Th.«[68]

Die Haupteinnahme wurde durch Vermietungen an die Laackmanns erzielt, die ins Erdgeschoss des Schiffbauerdammes 8 gezogen waren. Koepjohann hatte ihnen die unentgeltliche Nutzung von einem Teil des Gartens wie auch den Gebrauch des Schiffbauplatzes und des Fuhrweges vor dem Haus eingeräumt; für die Wohnung und andere von ihnen beanspruchte Liegenschaften war dagegen Miete bzw. Pacht zu entrichten.

Die Laackmanns

Obwohl Johann George Peter Laackmann immer wieder vom »Vetter« Koepjohann spricht, waren weder er noch seine Frau in direkter Linie mit ihm verwandt. Er selbst stammte aus Havelberg, wo er am 19. August 1750 geboren und am 23. des Monats getauft worden war.[69] Sein Vater, der Schiffbaumeister Johann Joachim Laackmann, dürfte der Bruder von Peter Laackmann, Koepjohanns Schwager, gewesen sein. Textverluste in den Kirchenbüchern der Havelberger Stadtkirche St. Laurentius lassen den entsprechenden Nachweis freilich nicht mehr zu. Maria Elisabeth Helcke (Hölcke) dagegen war gebürtige Berlinerin, ihr Vater der Bürger und Schiffbauer Carl Friedrich Helcke.

Besonders an ihr hatte Koepjohann wohl einen Narren gefressen. Sie trug die Vornamen seiner verstorbenen Frau und erinnerte ihn möglicherweise auch an diese. Die Verbindung zwischen ihr und seinem angeheirateten Neffen scheint er jedenfalls nach Kräften gefördert zu haben.

Die Hochzeit fand am 22. April 1784 in der Sophienkirche statt.[70] Für die Trauung wurden offenbar weder Kosten noch Mühe gescheut. Erhalten hat sich das Hochzeitsgedicht, das in gedruckter Form bei dem namhaften Musikverleger Johann Carl Friedrich Rellstab, Vater des Dichters und Kritikerpapstes Ludwig Rellstab, erschien.

In einer der Strophen des Gedichtes wird auch die Rolle Koepjohanns in Bezug auf das junge Paar gewürdigt: »Eines braven Vetters Herz / Gründet Euer Glücke, / Fernet Eurer Trennung Schmerz / Mit vergnügtem Blicke. / Gott schenkt diesen edlen Mann / Euch zu Eurem Freunde, / Der Euch beide liebgewann / Und gut mit Euch meinte.«[71]

Der Verfasser gab von sich lediglich das Namenskürzel »M - - - s.« preis. Es könnte sich um Hofrat Michaelis gehandelt haben, der, ehe er der Testamentsvollstrecker Koepjohanns wurde, womöglich schon lange zu dessen Freundeskreis gehört hatte.

Das Verhältnis der Laackmanns zum »Vetter« scheint auch später ein herzliches gewesen zu sein. Dieser wurde Pate der beiden Töchter Sophia Henrietta[72] und Anna Wilhelmina[73]. Das Ehepaar seinerseits kümmerte sich bis zuletzt um den Witwer und ersetzte ihm offenbar ein Stück Familie. Maria Elisabeth Laackmann dürfte das ausgleichende Moment in der zwischen den beiden Männern sicher nicht einfachen Beziehung gewesen sein. Koepjohann dankte es ihr, indem er sie gleichberechtigt als Universalerbin einsetzte.

George Peter Laackmann führte die Schiffbauanstalt noch fast vier Jahrzehnte erfolgreich weiter und überstand auch wirtschaftlich schlechte Zeiten wie die napo-

Poesiealbum von Anna Wilhelmina Laackmann

leonische Besetzung Berlins, auch wenn ihm hier und da das »Glück« des Tüchtigen zu Hilfe gekommen sein mochte. So vernichtete der Brand der Petrikirche am 19./20. September 1807 gleichzeitig »mehrere Häuser und Verkaufsbuden des Marktes, viele Bücher der Spenerschen, der Nicolaischen und Pauli-Buchhandlung und greift sogar auf Kähne und Pfähle in der Spree über«.[74]

Der geschäftstüchtige Laackmann reagierte sofort und orderte Bretter und Nutzholz im Wert von 8.521 Reichstaler, die ihm zehn Tage später geliefert wurden.[75]

Mit seinem Tod endete nach 119 Jahren die von den Koepjohanns begründete Schiffbautradition an dieser Stelle. George Peter Laackmann starb 81-jährig am 25. Februar 1831.[76] Bereits acht Jahre zuvor war seine Frau gestorben.[77] Von den beiden Töchtern lebte nur noch die jüngere, Anna Wilhelmina, die den Kaufmann und Fabrikanten Gottfried Ludwig Hensel geheiratet hatte. Hensel war Mitinhaber der renommierten Gold- und Silbermanufaktur Hensel & Schumann, zu der außerdem eine Militäreffektenfabrik gehörte. In den Räumen der Firma, Niederwallstraße 34, wurde 1816 nicht nur die erste in Preußen gebaute Dampfmaschine, sondern auch die erste Gasbeleuchtung Berlins installiert.

Weniger glücklich verlief die Ehe des erfolgreichen Unternehmers. Wegen des zerrütteten Verhältnisses zu ihrem Mann kehrte Anna Wilhelmina Hensel 1827 ins Elternhaus zurück[78], ohne aber die väterliche Schiffbauanstalt übernehmen zu können oder zu wollen.

Im selben Jahr hatte man damit begonnen, zwischen Schiffbauerdamm und Invalidenstraße einerseits sowie zwischen Spreebogen und Friedrichstraße andererseits einen neuen Stadtteil anzulegen. Da von Friedrich Wilhelm III. entscheidende Anstöße ausgegangen waren, erhielt das Quartier den Namen Friedrich-Wilhelm-Stadt. Einige der Straßen wurden nach Söhnen und Töchtern des Königs benannt, so die Albrechtstraße, für deren Trassenführung Teile des Koepjohann'schen Stiftergrundstückes beansprucht wurden. Die Schiffbauanstalten mit ihrem Platzbedarf störten nun zusehend die urbane Entwicklung in diesem Gebiet und verschwanden allmählich. Nachdem es Ende der 1840er Jahre noch zwei Schiffbauer gegeben hatte, verzeichnen die Adressbücher ab 1850 keine Werft mehr am Schiffbauerdamm.

II. Die Koepjohann'sche Stiftung

Startschwierigkeiten

Ehe Hofrat Michaelis im März 1793 sein Reglement vorlegte, hatte er bereits Entwürfe erarbeitet, die bei den Administratoren der Stiftung, den beiden Predigern Kühtze und Schultze, jedoch auf Widerspruch gestoßen waren. Sie verlangten in mehreren Punkten Änderungen.

Dies betraf u. a. die Vermietung und Verpachtung des Stifterhauses bzw. der Gärten und Felder. Michaelis meinte, »daß man so wenig einzelne Pächter habe, als es sich tun läßt, damit nicht durch die vielen Pächter oder Mieter die Administration erschwert werde, und die Erfahrung hat bei der jetzigen Verpachtung gezeigt, dass diesesmal die Verpachtung des Ganzen an einen Pächter vorzuziehen gewesen ist«.[79]

Die beiden Pastoren sahen das genau umgekehrt.

Es betraf aber auch Fragen der Rechnungslegung, der Verteilung der Armen-Gelder sowie die von Koepjohann festgelegte paritätische Besetzung der Stiftungsverwaltung mit zwei geistlichen und zwei von der Gemeinde finanziell unabhängigen Vertretern. Hier fürchteten die Prediger wohl, in ihren Kompetenzen allzu sehr beschnitten zu werden. Darüber hinaus beklagten sie, dass die Ausarbeitung des Reglements zu lange dauere und der Stiftung dadurch bereits Gelder verloren gegangen seien.

Michaelis rechtfertigte sich gegenüber dem König und konnte belegen, dass ihn hinsichtlich der Verzögerungen keine Schuld traf.

Friedrich Wilhelm II. ließ am 22. November 1792 durch das Oberkonsistorium die Vorschläge von Michaelis für das Reglement im Wesentlichen bestätigen, darunter auch die von den beiden Pfarrern monierte zusätzliche Besetzung der Verwaltung mit zwei bemittelten Mitgliedern der Gemeinde.

Ausgeschlossen wurden dagegen Verpachtungen auf Lebenszeit, »zumal die Preyße der Sachen und also auch die Miethen steigen«.[80] Außerdem wies der König an, die Mietvorauszahlungen auf ein Quartal zu begrenzen.

Gegen das fertig gestellte Reglement brachten die Administratoren jedoch weitere Einwände vor und befanden, dass sich § 15 No. 3 »wider den Gedanken des verstorbenen KoepJohann« richte, weil Waisen danach nur bis zum 16. Lebensjahr Almosen erhalten sollten.[81] Als Beispiel wurden drei Krüppel aus der Familie genannt, die bereits älter als sechzehn waren und dennoch nicht für sich sorgen könnten.

Michaelis bekannte gegenüber König und Oberkonsistorium, »daß ich in der gedachten Stelle des § 15 und überhaupt wo ich von Waisen geredet, voraus gesetzt habe, daß die Waisen von 16 Jahren in den Stande gesetzt sein würden, in welchem sie entweder im Dienst sich ihr Brod erwerben oder in die Lehre gebracht werden können. Hierauf paßt auch die Disposition ganz richtig, da Waisen von 16 Jahren in Dienste zu treten oder bei einem Handwerker in die Lehre zu gehen pflegen und wohl noch in früheren Jahren.

Ich habe aber bei Anfertigung des *Reglements* an Krüpel nicht gedacht und ich räume ein, daß es sehr billig sein würde so wohl solchen Armen Krüpeln aus der Koepjohannschen Verwandtschaft, welche sich nichts verdienen können, als auch denjenigen Koepjohannschen Verwandten welche ihres Verstandes gänzlich beraubt sein möchten, aus der Koepjohannschen Stiftung Almosen zufließen zu lassen. Inzwischen ist hier in Erwägung zu ziehen, daß der Koepjohann nur Wittwen und Waisen hat begünstigen wollen, nicht aber erwachsene Männer«.[82]

Michaelis war sich des Problems durchaus bewusst und hielt es selbst für wünschenswert, solchen Personen »das Beneficium länger als bis zum 16ten Jahre« angedeihen zu lassen. Er stellte deshalb die Entscheidung, bis zu welchem Alter Zuwendungen gewährt werden können, dem König anheim. Der beließ es bei der bereits getroffenen Regelung.

Weitere Widersprüche zwischen Testament und Reglement wollten die Administratoren in § 16 entdeckt haben. Da man bislang nur von vier armen Witwen aus der Koepjohann'schen Verwandtschaft Kenntnis hatte, drangen beide Pastoren darauf, die übrig bleibenden Gelder für außerordentliche Unterstützungen bereitzuhalten.

Michaelis gedachte stattdessen, Teile davon gewinnbringend anzulegen, »nicht um dadurch für beständig ein Capital zu sammeln sondern dieses Geld künftig bey guter Gelegenheit reglementsmäßig zu verwenden«.[83] Er erinnerte daran, dass allein unter den Angehörigen Koepjohanns viele alte Eheleute seien, insbesondere Soldatenfrauen, die in absehbarer Zeit auf Beihilfen angewiesen sein könnten. Um aber auch künftig alle Anspruchsberechtigten bedienen zu können, sei es wünschenswert, Kapitalvorsorge zu treffen.

Zuwendungen außerordentlicher Art waren dennoch von ihm berücksichtigt worden, aber nur für unverschuldet in Not geratene Familien, um ihnen »aufzuhelfen, sie zur Broterwerbung in den Stand zu setzen, oder ihre Kinder zu ihrem Einkommen unterzubringen oder unterrichten zu lassen«.[84]

Die Prediger stießen sich am Begriff »Familie«.

»Hierbei ist zu bemerken«, erwiderte Michaelis, »daß ich […] ausdrücklich nur solcher familie erwehnt, die aus Wittwen und Waisen bestehet«.[85]

Entweder hatten Kühtze und Schultze das Reglement nicht gründlich genug gelesen oder, was wahrscheinlicher ist, ihnen passte die ganze Richtung nicht, die ihre Ermessensspielräume auf das Notwendige beschränkte und jeder eigenmächtigen Entscheidungen von vornherein einen Riegel vorschob.

Das entsprach allerdings der Intention des Stifters. Und genauso sahen es der König und das Oberkonsistorium. Michaelis, dem von Koepjohann 100 Reichstaler in Gold als Honorar für seine Tätigkeit ausgesetzt worden war, hatte seine Wahl als Testamentsvollstrecker vollauf gerechtfertigt. Das von ihm geschaffene Regelwerk für die Arbeit der Stiftung sollte über ein Jahrhundert Gültigkeit behalten.

Erste Vermietungen

Die Vermietung des Stifterhauses, und so hatte Koepjohann es sich vorgestellt, bildete fortan den finanziellen Grundstock des Armen-Instituts. Um aber möglichst hohe Gewinne aus den einzelnen Mietsachen zu erzielen, hatte man von Anfang eine Licitation, eine Versteigerung, anvisiert.

Unter der Aufsicht von Hofrat Michaelis fand im Dezember 1792 die Versteigerung statt, an der sich neben Laackmann, der Kammergerichtsrat Woldermann, der Gärtner Herrmann und der Trompeter Petsch vom Regiment Gensdarmes beteiligten. Letzterer allerdings nicht für seine Person, sondern »für einen hiesigen Bürger, dessen Namen er aber nicht eher angeben könne, bis der würckliche Zuschlag erfolgt sei«.[86]

Da Laackmann versicherte, dass ihm sowohl Petsch als auch der namentlich nicht genannt werden wollende Auftraggeber bekannt seien und er für dessen Annehmbarkeit, Sicherheit und Gebot einstehe, wurde Petsch als Strohmann zum Verfahren zugelassen, aus dem er mit 474 Talern als Meistbietender hervorging. Ein Kontrakt kam dennoch nicht zustande und war vermutlich auch nie geplant. Den Zuschlag erhielt stattdessen – ein Schelm, wer Böses dabei denkt – der Schiffbaumeister Laackmann, nachdem er das Gebot nachträglich auf 482 Taler erhöht hatte.

Unvorstellbar, dass Michaelis nicht in den Schachzug eingeweiht gewesen war. Auf diese Weise verblieb der Großteil der Mietgegenstände bei den Universalerben und damit in einer Hand, was durchaus in seinem Sinne war. Von den Eheleuten Laackmann durfte außerdem erwartet werden, dass sie willens und imstande sind, jederzeit den Zahlungsverpflichtungen gegenüber der Stiftung nachzukommen. Das alles vereinfachte die Administration.

Die Pastoren Kühtze und Schultze mochten den Deal durchschaut haben, ohne allerdings handfeste Beweise für eine Unregelmäßigkeit vorlegen zu können. Gegen das Ergebnis im Bieterverfahren brachten sie zwar keine Einwände vor, machten aber in ihrer Kritik am Michaelisschen Reglement keinen Hehl daraus, dass sie selbst die Vergabe an mehrere Pächter bevorzugt hätten.

Der Mietvertrag zwischen den Laackmanns und den Vorstehern der Stiftung wurde am 26. März 1793 ausgefertigt und ist schon deshalb von Interesse, weil er einen Überblick über die Baulichkeiten des Stiftergrundstücks gewährt. Außer dem 2-geschossigen Wohnhaus an der Straße gab es mehrere Hintergebäude, darunter die Seitenflügel und das Gartenhaus. Zu den Nebengelassen gehörten Ställe und Wagenremisen, Tauben- und Hühnerhaus, die Scheune und das gemeinschaftliche Waschhaus sowie ein Backofen und der Brunnen. Dem Hofareal schlossen sich zwei Gärten und das Feld an. Vor dem Vorderhaus befanden sich zudem zwei Grasplätze.

Der Vertrag war gemäß dem Reglement befristet. Man hatte sich auf eine Laufzeit von sechs Jahren verständigt. Eigenhändig unterschrieben Ernst Christian Kühtze als Administrator des Koepjohann'schen Armen-Instituts und George Peter Laackmann als Mieter. Maria Elisabeth Laackmann, offensichtlich Analphabetin, unterzeichnete lediglich mit »dreyn Creuzer«.

1799 wurde der Vertrag bis 1805 prolongiert. Die Verlängerung galt auch für den Heuhändler Adam Protz, an den Laackmann die Scheune untervermietet hatte. Zusätzlich mietete Protz die rechterhand gelegene Wohnung im Erdgeschoss des Vorderhauses »mit allem Zubehör an Stuben Kammern Stallung Scheunen Küche u Keller«, für die er an die Stiftung jährlich 125 Taler zu entrichten hatte.

Als Pächter trat der Gärtner Pierre George hinzu, der die Bewirtschaftung von einem größeren Teil des Gartens übernahm. Es handelte sich um eine Fläche von 531 Ruthen, knapp einem Hektar. Im Gegensatz zu den Verträgen der anderen bewilligten die Administratoren hier eine Laufzeit von zwölf Jahren. Die Pacht betrug 73 Taler jährlich.

Die Nachteile, die ein solch großer Garten mit sich brachte, dessen Bodenbeschaffenheit von geringer Qualität war, hatten wohl die Vorteile aufgewogen, sodass die Laackmanns heilfroh gewesen sein dürften, sich dieses Mietgegenstandes entledigt zu haben. Laut altem Vertrag mussten sie überdies jährlich zehn Obstbäume anpflanzen. Der neue auf vier Parteien verteilte Kontrakt enthob sie nicht nur dieser Pflicht, sondern ließ auch ihren Mietzins auf 182 Taler im Jahr sinken.

Durch die Vermietung der bislang leer stehenden Wohnung neben den Laackmanns konnte der Erlös aus den Mieten zwar gesteigert werden, aber Aufgaben, die der dringenden Lösung harrten, stellten sich weiterhin zuhauf. So hatte der Gärtner George, dessen Vertrag 1799 gerade erst verlängert worden war, schon im nächsten Jahr um eine Minderung seiner Pacht auf 50 Taler nachgesucht. 1801 beantragte er abermals eine Herabsetzung, »indem es nicht möglich ist, vor den schlechten sandigen Boden 73 rthl. zu bezahlen [...] ob es mir gleich die Zeit über daß ich den Garten gepachtet habe, mir schon vieles Geld und Mühe gekostet habe, um den Garten zu verbessern, so ist es mir doch mit aller meine Mühe und Arbeit nicht möglich gewesen, die 73 rthl. heraus zu bringen, oder ich müsste mit meiner Frau und Kinder zum Bettler werden«.[87]

Der dringlichen Bitte vermochten sich weder die Administratoren noch das Oberkonsistorium zu verschließen, woraufhin man für zwei Jahre eine Pacht von 60 Talern festlegte.

1804 wurden die Mietverträge mit Laackmann und Protz um weitere sechs Jahre verlängert. George bat dagegen schon im September 1808, den Garten abgeben zu dürfen. Als neuen Pächter schlug die Stiftung dem Oberkonsistorium den Gärtner Johann Carl Brasch vor, der aber eine Mietminderung auf 70 Taler zur Voraussetzung machte.

Wie sehr aber längst auch dem Armen-Institut selbst der Schuh drückte, geht aus diesen Zeilen an den König und das Oberkonsistorium hervor: »Bei den vielen Ausgaben, welche die Stiftungs Casse unter diesen traurigen Zeitumständen hat, indem die Heurigen abgaben allein schon 169 rthl 4 g betragen, bei den drückenden Schulden der Casse an die Zimmermeister und Maurermeister, welche für das Stiftungshaus gearbeitet haben; bei der hülfeschreienden Noth unserer Armen nach dem Holzgelde, halten sich die Administratoren für verpflichtet, Ew. Königl. Majestät unterthänigst zu bitten:

Für die noch immer rückständigen Zinsen von dem kapital der 5000 rl welche nun schon 375 rthl betragen solche hülfreiche Anstalten treffen zu lassen, dass wir dieselbe gegen den Winter ausgezahlt bekommen.«[88]

Am 24. Oktober 1806 waren die ersten französischen Truppen in Berlin eingerückt. Kaiser Napoleon hatte drei Tage später Einzug gehalten und in dem von der königlichen Familie Hals über Kopf verlassenen Stadtschloss Quartier genommen. Inzwischen schrieb man das Jahr 1808, aber die Besetzung, die der Stadt insgesamt fast 7 Millionen Taler kosten sollte, dauerte an.

Verschärft wurde die wirtschaftliche Lage der Stadt noch dazu durch die Kontinentalsperre, die Napoleon am 21. November 1806 von Berlin aus gegen England verhängt hatte. Preußen gehörte zu einem wichtigen Getreidelieferanten des Inselreichs. Zugleich drängten durch die Aufhebung der Einfuhrzölle billige Manufakturwaren aus Frankreich ins Land, die vor allem dem stärksten hiesigen Wirtschaftszweig, der Textilindustrie, schweren Schaden zufügten. Allein der Absatz von Seidenerzeugnissen ging auf ein Zehntel zurück. Durch die schlechte Ernte von 1807 war außerdem der Brotpreis in die Höhe geschossen.

Am schlimmsten litten die zahllosen Soldatenwitwen und -waisen unter der allgemeinen Not. Der Geheime Oberfinanzrat Johann August Sack, Zivilgouverneur von Berlin, beklagte das unbeschreibliche Elend dieser Familien, »die sich gegen den Winter zu immer unglücklicher fühlen müssen«[89] und führte denn auch die Rate von wöchentlich 6 bis 10 Selbstmorden in Berlin und Potsdam auf die trostlose Lage der Menschen zurück. Auch jene Soldatenfamilien, deren Männer am Leben, aber in Gefangenschaft waren, stellten ein kaum zu bewältigendes Problem dar.

Eine gesetzliche Fürsorgepflicht des Staates existierte nicht. Mildtätige Einrichtungen wie die Koepjohann'sche Stiftung stießen angesichts der sozialen Misere schnell an ihre finanziellen Grenzen. Es konnte nur um Linderung der Not gehen, nicht um deren Beseitigung. Und allein das erforderte nicht nachlassende Anstrengungen.

Die Koepjohannitinnen

Neben der Pflicht, den Grundbesitz zu erhalten und die Wirtschaftlichkeit des Armen-Instituts sicherzustellen, oblag den Vorstehern eine weitere zeitraubende, wenngleich unerlässliche Aufgabe. Sie hatten jeden einzelnen Antrag auf Unterstützung sorgsam zu prüfen und über die Anspruchsberechtigung zu entscheiden. Bei Witwen aus der Familie des Stifters war neben der Bedürftigkeit auch die verwandtschaftliche Beziehung abzuklären.

Daneben musste ein amtlich beglaubigtes Führungszeugnis vorgelegt werden. Als frühes Schriftstück hat sich ein vom königlichen Inspektor und gleichzeitigen Pastor der Havelberger Stadtkirche St. Laurentius 1793 ausgestelltes Empfehlungsschreiben für Anna Dorothea Laackmann, verwitwete Schultze, erhalten. Über die 51-Jährige, eine Schwester George Peter Laackmanns, heißt es darin: »Ihr Vater war Meister Johann Joachim Laackmann, Bürger und Schiffbauer, ihre Mutter Frau Anna Elisabeth Ziems. Durch den Tod ihrer Eltern wurde sie früh zur Weise gemacht. Sie heirathete 1760 ihren vorbenannten Ehemann, der ihr im Jahre 1780 am 26. Jan. unvermutet durch den Tod entrissen wurde. Dadurch kam sie mit ihren drei hinterbliebenen Töchtern in viele Verlegenheit, hat sich aber mit diesen ihren Kindern […] aber doch ehrlich und anständig durch mancherley Beschwerlichkeiten hindurchgearbeitet, und sich in aller Absicht als eine gute einsame und verträgliche Witwe dergestalt verhalten, daß ihr jeder Wahrheitsliebender [...] das beste Zeugnis geben muß, welches auch ich an meinem Theile mit größter Bereitwilligkeit nach meiner völligen Überzeugung hiermit schriftlich habe ausstellen wollen.«[90]

Nicht nur Mittellosigkeit war unabdingbar für den Empfang von Zuwendungen, sondern auch ein untadeliger Lebenswandel. Im Zweifel stellte die Administration selbst Nachforschungen an. Moralisch fragwürdiges Verhalten, dazu gehörten »wilde« Ehen, führte zum Verlust der Anspruchsberechtigung. Andererseits trug eine Wiederverheiratung ebenfalls zum Ausschluss aus dem Versorgungswerk bei.

Sicher, auch ohnedies gab es Bedürftige genug, die auf Unterstützung angewiesen waren. Und hinter jedem »Fall« stand ein persönliches Schicksal. Die Mittel des Armen-Instituts Stiftung waren dagegen beschränkt, Dauer und Höhe der Leistungen durch das Reglement festgelegt:

»1. daß eine Witwe aus der Verwandtschaft nicht unter drei Taler vierteljährlich, aber auch nicht über fünf Taler vierteljährlich aus dem Legate gereicht werden sollen, für ihre unversorgten Kinder aber, bis zum 16. Jahre noch eine besondere Zulage vierteljährlich gereicht werden könne, deren Bestimmung der Beurteilung der beiden Herren Prediger und der zu wählenden zweien Mitglieder der Gemeinde der Sophien-Kirche überlassen bleibt, welche aber eine Quartalzahlung von Fünf Talern für sämtliche Kinder einerWitwe niemals übersteigen muß.
2. Dagegen sollen die armen Witwen aus dem Bürgerstande der Spandauer Vorstadt allhier nie über zwei Taler vierteljährlich zu ziehen berechtigt sein.
3. In Ansehung der, auch mutterlosen Waisen, aus der Anverwandtschaft, die nur bis zu ihrer Unterbringung im 16. Jahre zu versorgen sind, können für ein solches Kind vierteljährlich höchstens nur Drei Taler gezahlt werden, und für eine Vater- und mutterlose Waise der Bürger der Spandauer Vorstadt höchstens nur Zwei Taler quartalitär.
4. Das ganze allen Verwandten auszuteilende Quantum für jedes Jahr soll deductis-deducentis 2/3 des reinen Ertrages der Mieten und Zinsen ausmachen, wogegen das übrigbleibende 1/3 des reinen Einkommens der armen Witwen und Waisen der Bürger der Spandauer Vorstadt unverkürzt bleiben muß.«[91]

Neben den Witwen, die einmalige oder zeitlich begrenzte Hilfen erhielten, gab es jene, die dauerhafte Unterstützung erfuhren. Für sie bürgerte sich der Begriff Koepjohannitinnen ein. Über ihre Zahl liegen aus den Anfängen der Stiftung keine Angaben vor, doch dürfte es sich, ausgehend von den Einnahmen, um 30 bis maximal 50 Personen gehandelt haben. Kriege und Zeiten wirtschaftlicher Depression, Hungersnöte und Epidemien ließen die Nachfrage nach Zuwendungen naturgemäß steigen.

Alltag einer Stiftung

Nach Kühtzes Tod war Karl Gottlieb Schultze 1801 in das Amt des ersten Predigers und Johann Gottfried Rudolf Agricola in das des zweiten gewählt worden. Agricola kannte die Nöte der Bedürftigen aus eigenem Erleben. Als 6-Jähriger hatte er den Vater verloren und wurde, da die Mutter ihre beiden Kinder, Sohn und Tochter, nicht allein versorgen konnte, ins Schindlersche Waisenhaus aufgenommen.

Trotz aller Bemühungen gelang es jedoch auch dem neuen Predigergespann nicht, die Einkünfte der Stiftung nennenswert zu steigern. Bei sinkenden Mieten durfte man schon froh sein, wenn Einkünfte nicht völlig wegbrachen. Die Vorsteher suchten deshalb sogar säumige Zahler bei der Stange zu halten. Der Polizeideputation der Kurmärkischen Regierung, die 1810 das Oberkonsistorium als Aufsichtsbehörde abgelöst hatte, schlugen sie vor, den vierteljährlichen Pachtzins des Gärtners Brasch auf 17 Taler, 12 Groschen zu mindern und ihm die Schulden zu erlassen. Die in Potsdam ansässige Behörde zeigte sich mit der Herabsetzung der Pacht einverstanden, beschied in Bezug auf die ausstehende Miete allerdings: »das Übrige des Rückstandes […] muß beigetrieben werden«.[92]

Ein Grundkonflikt, dem sich die Administratoren beständig gegenübersahen. Einerseits war ihnen auferlegt, die Stiftergrundstücke so vorteilhaft wie möglich zu vermieten, um aus dem Gewinn der Einnahmen die Bedürftigen unterstützen zu können, andererseits durften sie sich auch nicht gänzlich über die Sorgen der Pächter hinwegsetzen.

1811 stand die Neuvermietung an. Offenbar den unsicheren Zeiten geschuldet, wurden mit Ausnahme des Gartenpächters deutlich kürzere Lauffristen vereinbart. Mit den Eheleuten Laackmann kam es zur Vertragverlängerung auf drei Jahre, die jedoch nur noch 100 Taler Jahresmiete zu zahlen hatten. Die rechte Wohnung im Erdgeschoß bezog für ein Jahr der Kapitän und Brigadekommissar v. Reiche, der einen Mietzins von 110 Talern entrichten musste. Den Garten pachtete der Bürger Krug für 48 Taler. Zusammen mit den 200 Talern Miete, die v. Meerkatz aufbrachte und den Zinsen aus zwei Erbpachten, beliefen sich die Einnahmen auf 660 Taler und 16 Groschen jährlich. Das waren gerade einmal 58 Taler mehr, als man 1793 erzielt hatte.

Nachdem auch seine zweite Frau gestorben war, gab der inzwischen hoch betagte General die große Wohnung im Herbst 1811 auf. Die Belle Etage wurde geteilt und eine Hälfte davon im November an den Geheimen Sekretär Hertzberg für 110 Taler vermietet. Für das zweite Logis konnte erst im Januar 1812 ein Mieter, General v. Eckenbrecher, gefunden werden, der 100 Taler entrichtete.

Dafür kündigte v. Reiche vorzeitig seine Wohnung, weil er in den Krieg ziehen musste. König Friedrich Wilhelm III. hatte sich verpflichtet, für Napoleons Russlandfeldzug 20.000 Mann zu stellen. Das ließen die Vorsteher als Kündigungsgrund indes nicht gelten.

Selbstverständlich fühlte sich v. Reiche ungerecht behandelt und legte Widerspruch ein, kam er doch als Offizier nur seiner Pflicht gegenüber dem König nach.

Die Stiftung lenkte gegenüber der Königlichen Polizeideputation ein und schlug vor, sich nach Kräften darum zu bemühen, die leer stehende Wohnung an eine bürgerliche Familie zu vermieten, damit v. Reiche baldmöglichst von der Zahlungsverpflichtung entbunden und der Mieterlös in Zukunft dauerhaft sichergestellt werden könne. Nur für den Fall, dass sich kein Interessent finden ließe, bestanden die Vorsteher auf Einhaltung des Kontrakts.

Die Behörde beschied indes, dass der Kapitän nur für das Quartal den Mietzins zu entrichten habe, »in welchem er nach *Ordre* ausmarschieren muß«.[93]

Wenige Wochen später war mit dem königlichen Lazarettinspektor Ravaché ein neuer Mieter gefunden, der statt 110 Taler freilich nur noch 90 Taler zu entrichten hatte. Der Vertrag galt für ein Jahr, doch schon im Herbst 1812 geriet Ravaché mit den Zahlungen in Rückstand. Ein Prozess vor dem Stadtgericht musste angestrengt werden, um die ausstehenden 67 Taler und 12 Groschen samt 5% Zinsen einzutreiben. Was nicht gelang, weil der mittlerweile arbeitslos Gewordene zahlungsunfähig war. Die Pfändung erbrachte, dass der Beklagte sämtliche Möbel und selbst das Bett, in dem er schlief, nur gemietet hatte. Später tauchte Ravaché unter; sein Aufenthaltsort konnte von den Behörden nicht ermittelt werden.

Da hatten sich die Vorsteher der Stiftung offensichtlich von Ravachés Titel als königlicher Lazarettinspektor blenden lassen, ohne nähere Auskünfte über ihn einzuholen. Es blieb nicht das einzige Versäumnis.

1816 ging die Stiftungsaufsicht von der Polizeideputation auf die Königliche Regierung über, die denn auch sogleich mahnte, »uns gefälligst die Miethen anzuzeigen, die jenes Grundstück seit dem 1ten October 1814 getragen hat«.[94]

Anderthalb Monate später drohte weiteres Ungemach. Die Vorsteher gedachten, den Garten neu zu vermieten. Angesichts des schlechten Bodens und der damit verbundenen Fluktuation der Pächter wurde mit dem Gärtner Martini, der bereits für Koepjohann tätig gewesen war, ein Mietzins von 50 Talern im Jahr vereinbart.

Mit dem Verweis, dass unter der Hand bereits ein höherer Pachtzins für den Garten geboten worden sei, kassierte die Königliche Regierung nicht nur den Vertrag, sondern kündigte auch an, »daß der Regierungsrath Friderici von uns beauftragt ist, an Ort und Stelle und unter Rücksprache mit Ihnen nicht nur von der <u>Führung der Administration</u> überhaupt, sondern auch von der <u>Beschaffenheit</u> der der Anstalt gehörenden Gebäude und Grundstücke und von der zu bewirkenden <u>möglichst hohen Benutzung</u> eine genauere Kenntnis einzuziehen [...] Die Herren Administratoren werden hierdurch angewiesen, dem Regierungsrath Friderici bei seiner Anwesenheit überall Auskunft zu geben und ihm Abschrift sämtlicher laufender Pacht und Mieths Contracte, auch des ErbpachtContractes über den Acker [...] einzuhändigen, bis auf unsere weiteren Bestimmung sind übrigens keine Pacht und Mieths-Prolongationen Unterhandlungen einzuleiten«.[95]

Gegen die Tiefenprüfung ließen sich kaum Einwände vorbringen; Einspruch aber erhoben die Vorsteher dagegen, dass ihnen das durch Testament und Reglement verbriefte Recht entzogen werden sollte, Miet- und Pachtverträge abzuschließen: »Wir bitten daher noch einmal um die Bestätigung des übersandten Pacht-Contractes, damit wir vor der Welt als rechtliche Männer in Ansehn und Vertrauen bleiben, und kein unbegründeter Argwohn gegen uns erweckt werde.«[96]

Der Protest wurde abgeschmettert. Nach der Prüfung durch Regierungsrat Friderici einigten sich beide Seiten darauf, dem Gärtner Martini den Zuschlag zu erteilen, ihm aber 60 Taler Pacht abzuverlangen, was alle Beteiligten akzeptierten.

Nach den Befreiungskriegen

Der Garten blieb indes eine Quelle des Ärgernisses. Nachdem der Gärtner Martini offenbar doch vom Vertrag zurückgetreten war, kam das Areal zu Beginn des Jahres 1817 schließlich als Holzplatz zur Versteigerung. Die Holzhändler Krafft und Plettner sowie Forstkommissar Ewald gaben mit 60 Talern das Höchstgebot ab. Die Königliche Regierung wies daraufhin die Administratoren der Stiftung an, den Vertrag abzuschließen und erteilte in zwei Nachträgen den Pächtern außerdem die Genehmigung, den Seitenweg am Grundstück zur An- und Abfahrt des Holzes zu benutzen sowie »am Spree-Ufer Holz abladen zu dürfen«.[97]

Verfügungen, die dem Aufschwung von Handwerk und Handel Rechnung trugen, aber das Stiftungsgrundstück in der Folge immer stärker mit gewerblicher Nutzung überzogen. Nicht zu dessen Attraktivitätssteigerung, wie sich herausstellen sollte.

Nach den Befreiungskriegen hatte sich die wirtschaftliche Lage Berlins Schritt für Schritt normalisiert. Die Folgen der Besatzung und vor allem der Kontinentalsperre waren zwar noch allenthalben zu spüren, aber die unter Heinrich Friedrich Karl Reichsfreiherr von und zum Stein erarbeitete und 1808 in Kraft getretene »Ordnung für sämtliche Städte der Preußischen Monarchie«, kurz »Städteordnung« genannt,

Garten der Wiener Hofburg

die den Bürgern eine stärkere Beteiligung am kommunalpolitischen Leben einräumte, zeitigte bereits ihre Wirkung. Weitere Reformgesetze wie die Aufhebung des Zunftzwangs, die Abschaffung der Erbuntertänigkeit, die den Zuzug der Landbevölkerung in die Städte ermöglichte, und die teilweise rechtliche Gleichstellung der Juden wirkten sich positiv auf die Gesamtentwicklung aus.

Nicht zuletzt war es Preußen auf dem Wiener Kongress 1814/15 gelungen, sich ansehnliche territoriale Gewinne zu sichern, darunter den von Schweden gehaltenen Rest Vorpommerns, das Gebiet um Posen, Teile von Kursachsen sowie Westfalen und die Rheinlande. Damit wurde das Königreich zu einem der flächenmäßig größten Staatsgebilde auf dem Kontinent und reichte von Aachen bis Königsberg.

Die Konjunktur machte sich alsbald in einem Anstieg der Mieten bemerkbar. Die Königliche Regierung als neue Aufsichtsbehörde der Stiftung forderte die Administratoren deshalb auf, umgehend alle Mietkontrakte zu kündigen und neu auszuschreiben. Das betraf auch George Peter Laackmann.

An die Vorsteher erging das Dekret: »Dem Schiffbauer Lackmann, könne übrigens die Wohnung, welche er innen habe, nicht aus freier Hand überlassen werden, wenn gleich das Miethsquantum welches er offerire den bisherigen übersteige. Die Herren Administratoren hätten innerhalb 4 Wochen anzuzeigen, woraus das dem Lackmann vermiethete Logis bestehe, damit zeitig der Termin zur Vermiethung, an den Meistbietenden angesetzt werden könne.«[98]

Das dürfte das Kuratorium der Stiftung, zu dem der Schiffbaumeister als Laienadministrator inzwischen selbst gehörte, in einige Verlegenheit gebracht haben. Als Gewährsmann ständig vor Ort und mit den Angelegenheiten des Grundstücks bestens vertraut, nahm er nicht nur quasi die Hausverwaltung wahr, sondern den Pastoren auch die damit verbundene Arbeit ab. Ob es tatsächlich zur Versteigerung seiner Wohnung kam, geht aus den Unterlagen nicht hervor. Im Adressbuch 1818/19 erscheint er weiterhin als Bewohner des Hauses. Seine Doppelrolle als Mieter und Administrator zwang die Königliche Regierung jedoch noch mehrfach zu Interventionen.

Die Nachbarwohnung im Erdgeschoss mitsamt einigen bislang von Laackmann genutzten Mietgegenständen, so dem Pferdestall, der Wagenremise, dem Taubenhaus und einem Stück Garten von 81½ Ruten, übernahm der Holzhändler Christian Friedrich Plettner für jährlich 290 Taler. Eine Laufzeit von fünfeinhalb Jahren wurde vereinbart. Plettner vermietete aber mit Einverständnis der Stiftung keine drei Monate später die Wohnung, die er vermutlich nie bezogen hatte, für 260 Taler an den Regierungsrat und Baudirektor Triest weiter und behielt nur den Garten, um den es ihm wegen seines angrenzenden Holzplatzes wohl hauptsächlich gegangen war.

Ähnlicher Wirrwarr entstand durch die Neuausschreibung der Belle Etage. Der Mietvertrag über 320 Taler wurde mit dem königlichen Regierungsassessor und Oberkasernendirektor Rittmeister v. Oppeln Bronikowsky abgeschlossen, der in einer gleichzeitigen Erklärung seine Rechte an die Geheimrätin v. Heydebreck abtrat, die ihrerseits die Wohnung schnurstracks untervermietete. Inzwischen hatte es innerhalb eines Jahres einen fünfmaligen Mieterwechsel gegeben.

Der Königlichen Regierung wurde das zu bunt; sie verlangte von der smarten Geheimrätin, sich die Untervermietungen genehmigen zu lassen oder vom Vertrag zurückzutreten. Das Schreiben stellte zugleich eine schallende Ohrfeige für die Administratoren dar, die nicht willens oder in der Lage gewesen waren, sich die nötige Autorität in der Angelegenheit zu verschaffen.

Den Mietvertrag übernahm 1818 der Oberbergassessor, nachmalige Oberbergrat Johann Friedrich Krigar. Er ist als Direktor der Königlichen Eisengießerei namhaft geworden. Der aus Schlesien stammende Hüttenfachmann war 1804 an die Spitze des im selben Jahr aus der Taufe gehobenen Staatsunternehmens berufen worden. 1814 hatte man ihn in geheimer Mission nach England entsandt, um den Lokomotivbau auszuspähen. Zwei Jahre später war unter seiner Leitung die erste funktionstüchtige Lokomotive auf dem europäischen Festland entstanden, die jedoch, von

Marienstraße 22

Schauvorführungen abgesehen, nie in Dienst gestellt wurde. Das gleiche Schicksal ereilte eine weitere von ihm gebaute Lokomotive.

Erfolgreicher waren seine Bemühungen um die Königliche Eisengießerei, die zum Vorreiter der Industrialisierung in Berlin wurde. Hatte die napoleonische Besetzung die Entwicklung des Unternehmens zunächst zurückgeworfen, gelang es noch während der Befreiungskriege, den Betrieb durch den Bau von schweren Geschützen, die bei der Belagerung von Spandau, Torgau und Wittenberg zum Einsatz kamen, wieder anzukurbeln. In den Jahrzehnten danach fertigte man hier aus Gusseisen Brücken, Treppen, Geländer, Walzen, Kessel, Maschinen und Maschinenteile, aber auch Denkmale wie das Nationaldenkmal für die Freiheitskriege auf dem Kreuzberg oder das Denkmal für Königin Luise in Gransee. Darüber hinaus wurden Schmuck- und Einrichtungsgegenstände hergestellt. Karl Friedrich Schinkel, eng mit dem Unternehmen zusammenarbeitend, lieferte zahlreiche künstlerische Entwürfe.

Nicht zufällig siedelten sich am Standort der Eisengießerei vor dem Oranienburger Tor bald weitere Maschinenbaufirmen und Giessen an, darunter die von August Borsig. Der Berliner Volksmund gab dem Gebiet entlang der Chausseestraße wegen seiner beständig rauchenden Schlote später den Namen »Feuerland«.

Obschon Krigar zu den hoch dotierten Fachleuten in der preußischen Hauptstadt zählte, ging auch er in die Annalen des Armen-Instituts als zeitweiliger Mietschuldner ein und musste nachdrücklich gemahnt werden: »Eur. Wohlgeboren schulden der Köpjohannschen Stiftung die vertragsmäßige, zu Michaelis d. J. fällig gewesene Miethe für die in dem Stiftungshause gemiethete Wohnung. Die von denselben geweigerte Zahlung ist rechtlich nicht begründet, und das Polizei-Präsidium, indem es hierauf aufmerksam macht, überlässt Ihnen, die rückständige Miethe sofort und längstens binnen acht Tagen an die Administratoren der Stiftung zu berichten widrigenfalls dieselbe angewiesen ist, die Klage wider Eur. Wohlgeboren bei dem Königl. Kammergerichte anzustellen.«[99]

Krigar, vermutlich zwischenzeitlich in einen finanziellen Engpass geraten, hatte 1827 ein Grundstück in der entstehenden Friedrich-Wilhelm-Stadt erworben und ließ ein Mietshaus erbauen, in das er später auch selbst zog. Das Gebäude in der Marienstraße 22 (vormals Nr. 15) hat die Zeitläufte überdauert und erinnert heute mit einer Gedenktafel an den Maler und Zeichner Adolph Menzel, den namhaftesten Bewohner des Hauses.

Menzels Schwester Emilie war mit einem Sohn des Oberbergrates verheiratet. Hermann Krigar, Komponist und königlicher Musikdirektor, bezog mit Frau und Schwager jedoch nicht 1860 (wie die Gedenktafel ausweist), sondern Ende 1864 eine Wohnung im Haus. Knapp vier Jahre später übersiedelte die Familie in die benachbarte Luisenstraße. Menzel behielt im Haus indes noch bis 1870 sein Atelier.

Die Erbpachtverträge

Neben den gewöhnlichen Vermietungen und Verpachtungen waren seit 1799 auch zwei Erbpachtverträge abgeschlossen worden. Für einen jährlichen Zins von 139 Talern und 8 Groschen gingen etwas mehr als 23 Morgen Land an die Kaufleute Hotho und Welper sowie ein Jahr später für 63 Taler und 8 Groschen noch einmal knapp 11 Morgen an den Lohgerber Wölbling. Das insgesamt 34 Morgen große Terrain, bei dem es sich u. a. um die späteren Parzellen Friedrichstraße 132 und 133 an der Ecke zur heutigen Reinhardtstraße handelte, war landwirtschaftlich kaum ertragreich und konnte lediglich zur Anlage von Gärten oder Bleichplätzen genutzt werden.

Unerfahren in Fragen der Vermietung, aber wohl auch fest entschlossen, sich der Sorge um die relativ wertlosen Flurstücke langfristig zu entledigen, hatten die Administratoren an König und Oberkonsistorium den Wunsch herangetragen, in diesem Fall Erbpachten abschließen zu dürfen. Unter der Bedingung, dass eine öffentliche Versteigerung abgehalten werde, wurde dazu der Segen erteilt.

Friedrich Wilhelm III., seit einem Jahr erst auf dem Thron und der Aufgabe als Landesvater wohl noch nicht in jedem Punkt gewachsen, ließ dem Armen-Institut 1798 »in Gnade bekannt machen, daß Wir Eurem Gesuche gemäß, zur Erbverpachtung des zu dem Koepjohannschen Grundstücke gehörigen Feldes und zur Zeitverpachtung des dazu gehörigen Gartens einen Termin auf den 19ten Decbr. c. vormittags um 11 Uhr vor Unserm Kammergericht Rath Ballkorn angesetzt, und die Pachtlustigen angewiesen haben, bey Euch die nähern Bedingungen der resp. Erb- und Zeitpacht einzusehen«.[100]

Damit aber hatten sich alle Beteiligten – von den Vorstehern der Stiftung bis zum König – über den ausdrücklichen testamentarischen Willen Koepjohanns und das Reglement von Michaelis hinweggesetzt. Die Tragweite der Entscheidung scheint keinem bewusst gewesen zu sein.

Thomas Heinrich Hotho, Inhaber einer florierenden Teppichfabrik mit Sitz am Monbijouplatz 10, gehörte zur Sophiengemeinde und genoss offenbar unter den Administratoren der Stiftung großes Vertrauen. Ein anscheinend kultivierter Mann, dessen Sohn, Gustav Heinrich Hotho, Philosoph wurde und Hegels »Vorlesungen zur Ästhetik herausgab. Hotho war jedoch ebenso ein mit allen Wassern gewaschener Geschäftsmann. Nach der Trennung von seinem Associè Welper fiel ihm 1815 die Erbpacht an dem Stiftungsgrundstück zu. Den Pachtvertrag suchte er, sich umgehend bestätigen zu lassen.

Pfarrer Agricola signalisierte sein vorbehaltloses Einverständnis. Als frommen Wunsch fügte er an: »Könnte vielleicht bei dem immer höher steigenden Werthe berlinscher Grundstücke sich der Herr Hotho zum Besten der Armen Anstalt erklären, künftig statt der 139 t. 8 g. 200 T. Cour. Pachtzins zu geben, so würde dieses Anerbieten mit allem Danke angenommen werden.«[101]

Der schwerreiche Kaufmann strengte stattdessen 1827 vor dem Kammergericht die Ablösung des Vertrages an, um das Erbpachtland als Eigentum zu erwerben – mit Erfolg. Die Stiftung wurde von ihm mit 5.000 Talern abgefunden, die zunächst höchst willkommen gewesen sein mochten, aber angesichts des gleichzeitig einsetzenden Ausbaus der Friedrich-Wilhelm-Stadt und des rasanten Anstiegs der Bodenpreise in diesem Gebiet nur einen Bruchteil des Wertes darstellten. Hotho verkaufte denn auch wenige Jahre später das Terrain für den siebenfachen Betrag weiter.

Den anderen Erbpachtkontrakt ereilte ein ähnliches Schicksal. Der Lohgerbermeister Johann David Wölbling, Eigentümer des Schiffbauerdamms 4 (vormals Nr. 3), war 1824 verstorben. Dessen Erben verkauften 1825 das Grundstück, darunter auch den in Erbpacht genommenen Teil an den Universitätsprofessor Clemens August Karl Klenze, nachdem die Stiftung auf das ihr gesetzlich zustehende Vorkaufsrecht verzichtet hatte.

Ein Vorgang, der beim Polizeipräsidium für Kopfschütteln sorgte. Das Stiftungskuratorium wurde aufgefordert, die Vertragsunterlagen zur Prüfung einzureichen und eine Erklärung für den Verzicht abzugeben.

Polizeipräsident v. Esebeck bat das Königliche Kammergericht, das Stiftungsgrundstück taxieren zu lassen, um die Möglichkeit einer Beleihung auszuloten und zerstreute die Sorge des Vorstandes, dass die festgelegte zweiwöchige Einspruchsfrist bereits überschritten sei.

Die Administratoren blieben jedoch bei ihrem einmal gefassten Beschluss. Sie befanden sich durchaus in einem Dilemma. Um das Vorverkaufsrecht auszuüben, verfügten sie einerseits nicht über genügend flüssiges Kapital und durften nach dem Willen des Stifters andererseits keine Hypotheken aufnehmen. Einen Rechts- oder Finanzbeistand zu kontaktieren, scheint aber ebenso wenig von ihnen in Betracht gezogen worden zu sein wie die sich abzeichnende städtebauliche Entwicklung in diesem Gebiet, die nur zwei Jahre später zu einer immensen Wertsteigerung von Grund und Boden führen sollte.

Klenze, befreundet mit Karl v. Savigny, bei dem er promoviert hatte, war wohl nicht nur ein Mann der Wissenschaft, sondern auch einer, der sich aufs Geschäftemachen verstand. Anders als der Stiftungsvorstand erkannte er rechtzeitig die Zeichen der Zeit und beantragte – wie Hotho nach ihm – die Ablösung der Erbpacht.

Das Polizeipräsidium schlug eine schon symbolisch zu nennende Abstandszahlung von 2.800 Talern vor, mit der sich zwar die Stiftung einverstanden zeigte, nicht aber Klenze, der auch um diese Summe feilschte. So machte er geltend, dass ihm bei der Anlegung der geplanten Straße noch ein Teil des Grundstückes verloren gehen werde. Die Sache kam vor den König, der mit einer Kabinettsorder im Dezember 1826 eine Regelung im vorgedachten Sinn traf.

Klenze verpachtete das Areal zunächst für gewerbliche Zwecke an einen Zimmermeister, ehe er es später mit Gewinn verkaufte. Er selbst ließ ein Wohnhaus in der Luisenstraße erbauen.

Dass sich hier angesehene Mitglieder der Berliner Gesellschaft schamlos an einer mildtätigen Einrichtung bereicherten – aus heutiger Sicht in Millionenhöhe –, war allerdings nur die eine Seite der Medaille, es ihnen aus Sicht der Stiftung derart leicht gemacht zu haben, die andere. Das geschah keineswegs mit Vorsatz, aber doch in der ruhigen Gewissheit, für Fehlentscheidungen nicht haftbar gemacht werden zu können. An eine Regresspflicht der Vorsteher hatte Koepjohann in seinem Testament nicht gedacht.

Den Laienadministratoren dürfte das Ehrenamt, sofern es nicht um eigene Interessen ging, zunehmend lästig geworden sein, während die Prediger von den Stiftungsaufgaben nicht nur zeitlich, sondern auch fachlich völlig überfordert waren. Als Theologen besaßen sie weder merkantile noch maklerische Kenntnisse. Es bedarf deshalb keiner blühenden Phantasie, um sich vorzustellen, wie in diesem Gremium Entscheidungen – halb aus Indolenz, halb aus Inkompetenz – immer wieder aufgeschoben wurden, bis sie als Problem manifest geworden waren.

Nach Abtretung der Erbpachten musste die Stiftung 1829 einen weiteren Grundstücksteil abschreiben. Dieser wurde zur Anlage der Albrechtstraße benötigt. Eine Entschädigung für die 106 Quadratruten (ca. 1.504 qm) große Parzelle war behördlicherseits nicht vorgesehen.

Als geistliche Stiftungsvorstände fungierten seit 1820 bzw. 1823 Ernst Sigismund Ferdinand Schultz und August Friedrich Ideler. Beide gehörten darüber hinaus zu den 12 Berliner Theologen, die gemeinsam mit Friedrich Schleiermacher gegen die von König Friedrich Wilhelm III. erlassene Agende Front machten, mit der die Gottesdienstordnungen der Lutheraner und Reformierten vereinheitlicht werden sollten.

Engagiert in den theologischen Auseinandersetzungen ihrer Zeit, sahen sich die Pfarrer von Sophien zudem einer immer schneller wachsenden Kirchengemeinde gegenüber, die Anfang der 1830er Jahre bereits 50.000 Glieder zählte. War dies in der seelsorgerischen Arbeit schon eine unmöglich zu bewältigende Aufgabe, wurden beide Pastoren bei der vom August 1831 bis zum 19. Februar 1832 in Berlin grassierenden Cholera auch noch »über ihre Kraft durch »Krankenkommunionen und Begräbnisse in Anspruch genommen.«[102]

Unter diesen Umständen blieben wohl selbst dringende Angelegenheiten des Armen-Instituts liegen.

Im Mai 1823 war Major v. Reuter in die beiden Wohnungen der Belle Etage gezogen und zum Hauptmieter des Stiftungshauses geworden. Bei einer Jahresmiete von 431 Talern hatte man eine Laufzeit von sechs Jahren vereinbart. Drei Jahre später jedoch kündigte er seinen Vertrag wegen der ständigen Bauholztransporte, die über das Stiftungsgrundstück zu dem dahinter gelegenen Klenzeschen Holzplatz geführt wurden und die ehemals ruhige Wohnlage empfindlich störten.

Das Polizeipräsidium forderte zwar die Rücknahme der Kündigung, aber Kurator Laackmann konnte der Behörde nur vermelden: »Dem Major Reuter habe innwendiges durch zu lesen, gegeben, mir aber gesagt Er würde Sich hierunter nicht unterschreiben indem ihm die Polizei nichts zu befehlen hätten.«[103]

Nicht nur der Leerstand der gesamten Belle Etage sollte ein kostspieliges Ärgernis werden, sondern auch eine Eigenmächtigkeit des Holzhändlers Eichbaum, der seit 1823 Pächter des Holzplatzes war und begonnen hatte, eine freie Stelle an der Giebelseite des Hauses für die Lagerung und den Verkauf von Steinen zu okkupieren. Der Stiftungsvorstand verbot ihm das, musste allerdings vom Polizeipräsidium erfahren, dass die Annahme, der Platz sei ihm nicht vermietet, sich durch die ausführliche Vernehmung des Schiffbaumeisters Laackmann als unrichtig erwiesen habe.

Abgesehen davon, dass Laackmann wieder einmal eigene Interessen mit denen der Stiftung vermischt und diese sogar über den wahren Sachverhalt im Unklaren gelassen hatte, stand die zunehmende Gewerbenutzung des Grundstückes den Bedürfnissen der Wohnmieter diametral entgegen. Für besser verdienende Schichten wurden die Quartiere im Stiftungshaus mehr und mehr unattraktiv.

Unter Generalpacht

In Ermangelung zahlungskräftiger Privatleute, die noch geneigt waren, hier einzuziehen, trat der Vorstand im Februar 1828 in Unterhandlungen mit dem Königlichen Provinzial Schul Collegio, das bereits im November seinen Willen bekundet hatte, in den Räumlichkeiten ein Schullehrerseminar zu etablieren.

Nachdem zwischen den Beteiligten zahllose weitere Schriftstücke ausgetauscht und auch schon Zeichnungen und Kalkulationen für die erforderlichen baulichen Veränderungen im Stiftungshaus vorgelegt worden waren, zerschlug sich das Projekt, da das Ministerium für geistliche Angelegenheiten alle diesbezüglichen Vorstöße des Schulkollegiums der Provinz Brandenburg ohne Angabe von Gründen stoppte.

Die Administratoren traf in diesem Fall kaum eine Schuld, doch war man sich im Vorstand klar darüber geworden, dass Vermietung und Hausverwaltung endlich in berufene Hände gelegt werden sollten. Seit Anfang Mai 1828 wurden deshalb Gespräche mit dem Holzhändler Barnewitz geführt, um ihn als Generalpächter für die Stiftungswohnungen und den Holzplatz zu gewinnen. Barnewitz signalisierte Interesse und bot eine jährliche Pachtsumme von 1.500 Talern.

Das Polizeipräsidium lehnte jedoch das Ersuchen der Administratoren ab und verwies darauf, dass sich die derzeitigen Einkünfte der Stiftung auf 1.652 Taler beliefen und der Vorteil, es statt mit vier Mietern nur mit einem zu tun zu haben, in keinem Verhältnis zu dem »Verlust einer jährlichen Revenüe von 152 rt« stünde.[104]

Der Stiftungsvorstand aber ließ nicht locker und drohte sogar mit Niederlegung der Ämter. Am 22. Juli 1828 willigte das Polizeipräsidium schließlich in den Vertrag mit Barnewitz als Generalpächter ein. Damit fungierte zwischen der Stiftung als Eigentümerin und den Mietern erstmals eine Instanz, die – ähnlich einer Hausverwaltung – den Vorstand von einem Teil der Bewirtschaftungsaufgaben befreite, ohne dessen Rechte in irgendeiner Form zu beschränken. Die Administratoren behielten in allen entscheidenden Fragen gegenüber dem Generalpächter das letzte Wort.

Ohne Frage erleichterte die Generalverpachtung das Alltagsgeschäft des Stiftungskuratoriums, das sich nicht mehr um jedes auftretende Problem, jeden Streit zwischen und mit den Mietern selbst kümmern musste. Barnewitz hielt augenscheinlich, was er versprochen hatte und den Vorstehern mithin den Rücken frei.

Nur in wenigen Fällen bedurfte es noch des Eingriffs durch die Vorsteher. Dazu gehörte der Versuch des Steinmetzmeisters Huth, sich eines Areals der Stiftung zu bemächtigen. Huth hatte seinerzeit von Laackmann einen Platz abgemietet und offenbar mit dessen Einwilligung darauf ein kleines Wohngebäude errichtet. 1835 suchte er um Verlängerung des Kontraktes nach. Aus unerfindlichen Gründen reagierte der Stiftungsvorstand auch auf die wiederholte Anfrage des Steinmetzmeisters nicht. Der ließ durch seinen Anwalt schließlich mitteilen, dass er für das aus eigenen Mitteln erbaute Haus eine Entschädigung von 800 Talern, anderenfalls aber die Überlassung von Grund und Boden fordere.

Huths Anwalt berief sich auf einen Paragraph des Allgemeinen Preußischen Landrechts, der dem Pächter dann die Besitzrechte dauerhaft an dem errichteten Haus zuerkannte, wenn der Ausführung des Baues durch den Grundeigentümer nicht widersprochen worden war. Nicht ohne Süffisanz erlaubte er sich den Hinweis, dass sein Mandant vom Stiftungsvorstand sogar die ausdrückliche Genehmigung dazu erhalten habe.

In einem internen Papier der Administration nahm Pfarrer Ideler zu dem Sachverhalt Stellung: »Soviel ich weiß, ist von unserer Seite dem e Huth niemals, auch nur stillschweigend, die Erlaubniß zum bauen ertheilt, sondern er baute schon, als Lackmann noch Besitzer des Platzes war; wir haben also keine Verbindlichkeit, sein Haus zu übernehmen, noch es auf dem Platze stehen zu lassen.«[105]

Pfarrer Schultz konnte sich ebenfalls nicht erinnern, jemals eine Erlaubnis gegeben zu haben, machte aber darauf aufmerksam, »wie vorsichtig man bei Ertheilung der Zustimmung sein muß, wenn Miether auf dem Platze bauen wollen«.[106] Er schlug vor, Huth zu veranlassen, die vermeintliche Genehmigung für den Bau vorzulegen.

Obwohl sich alle Vorsteher einig waren, dass die Ansprüche der Gegenseite unberechtigt seien, herrschte dennoch einige Verunsicherung. Die Hinzuziehung eines Rechtsbeistandes unterblieb aber wohl auch diesmal. Man entschloss sich stattdessen, Huth entgegenzukommen und ihm einen neuen Drei-Jahres-Kontrakt anzubieten. Der jährliche Mietzins wurde auf 60 Taler festgesetzt.

Das Polizeipräsidium kassierte den Vertragsentwurf sofort, da nach dem Michaelisschen Reglement »Grundstücke und Gebäude, sobald der Ertragswerth 50 Thaler übersteigt, nur im Wege der öffentlichen Licitation vermiethet werden«.[107] An den Stiftungsvorstand erging die Aufforderung, das ungenehmigte Mietverhältnis zu beenden und einen Versteigerungstermin anzuberaumen.

Schultz, mittlerweile Superintendent, drang darauf, die Sache nochmals an die Behörde heranzutragen, denn seines Wissens sei »bis jetzt dieser Weg der öffentl. Licitation bei Verpachtung der Grundstücke der Stiftung noch nie angewendet worden«.[108]

Von den anderen Mitgliedern des Vorstandes, die wohl ebenfalls nur eine vage Kenntnis von der Stiftungssatzung hatten, kam kein Widerspruch.

Das Polizeipräsidium beharrte zunächst noch auf der verordneten Versteigerung, zog aber einen Monat später das Dekret zurück und genehmigte im April 1837 den Mietvertrag mit Huth.

Entstand in diesem Fall der Stiftung auch kein größerer finanzieller oder materieller Verlust, so lässt sich doch ein durchgängiges Muster erkennen, nach dem die Vorstände der Stiftung handelten. Statt zu agieren, wurde reagiert. Fehlbeurteilungen oder Versäumnisse markieren jedes Mal den Anfang. Von der gegnerischen Seite alsdann vor vollendete Tatsachen gestellt, werden in Eile und meist unter Umgehung des Stifterwillens Schritte ergriffen, die allenfalls noch den Schaden begrenzen. Um aber wenigstens dies zu erreichen, ist man gezwungen, die Partei derer zu ergreifen, die als Räuber über das Armen-Institut hergefallen sind. Vor soviel entwaffnender Unbekümmertheit scheint denn zuweilen auch die Aufsichtsbehörde kapituliert zu haben.

Neue Herausforderungen

In den 1830er Jahren begann in Berlin die Industrialisierung. Moderne Maschinenbaufabriken und Gießereien wie die von Franz Anton Egells und Borsig entstanden. Andere Firmen folgten. Stadtbereiche, die sich noch ein vorstädtisches oder gar ländliches Gepräge bewahrt hatten, wurden sukzessive ausgebaut. Begünstigt durch die lange Friedensperiode seit den Befreiungskriegen, wuchs die Einwohnerzahl. Steigende Geburtenraten auf der einen und verstärkte Zuwanderung auf der anderen Seite hatten daran ihren Anteil.

Für Vermieter eigentlich eine komfortable Situation, stellte sich der Stiftung die Aufgabe, die mehr als 120 Jahre alten und mittlerweile maroden Gebäude weiterhin gewinnbringend zu bewirtschaften. Erschwerend kam hinzu, dass man sich in direkter Konkurrenz mit dem vor der eigenen Tür entstandenen neuen Viertel der Friedrich-Wilhelm-Stadt befand, das zu einem Quartier des Mittelstandes avancierte.

Demgegenüber rekrutierte sich die Mieterschaft im Stiftungshaus nunmehr weitgehend aus kleinbürgerlichen Schichten. Abgesehen von Generalpächter Barnewitz, der ebenfalls hier wohnte, und einem praktischen Arzt, verzeichnet das Berliner Adressbuch von 1844: einen Fuhrherr, einen Pferdehändler, einen Stallmeister und zwei Witwen, darunter Laackmanns Tochter Anna Wilhelmina Hensel.

Nachdem sie wegen einer ernsten Erkrankung ihr freies Logis im Stiftungshaus aufgegeben hatte und zu einem ihrer Söhne gezogen war, bat dieser 1841 darum, sie wieder einziehen zu lassen. Die Laien-Administratoren Behrends und Hertz brachten Einwände vor. Sie verwiesen auf die Vermögensverhältnisse des Sohnes, die es ihm mühelos gestatteten, die Mutter selbst zu unterstützen, wie auch darauf, dass er währenddessen die Wohnung unentgeltlich und ohne Befugnis genutzt habe. Aus Pietät und in Erwartung des baldigen Heimgangs der 55-Jährigen gab der Vorstand, von den Pfarrern gedrängt, jedoch dem Antrag statt.

Anna Wilhelmina Hensel erfreute sich noch 17 Jahre des Lebens, verzichtete aber später auf das ihr zugestandene dauerhafte Wohnrecht am Schiffbauerdamm und zog 1846 ans entgegen gesetzte Ende der Stadt nach Neukölln am Wasser.

Aus der Einsicht heraus, dass das Kuratorium sogar der verbliebenen Aufgaben nur selten gerecht wurde, hatte Kommerzienrat Behrends als Mitadministrator bereits 1840 den Verkauf der Stiftungsgrundstücke in Vorschlag gebracht. Hertz und er waren bei Hotho und einem Zäunermeister vorstellig geworden, um das Interesse und etwaige Kaufgebote zu ermitteln. Die Gespräche ließen die Hoffnung nicht unbegründet erscheinen, für Häuser und Holzplatz insgesamt 70.000 Taler fordern zu können.

Pfarrer Ideler, grundsätzlich mit einem Verkauf einverstanden, gab lediglich zu bedenken, dass ein zu hoher Verkaufspreis wie der vorgeschlagene, Käufer womöglich abschrecken werde. »Ich bin also der Meinung, daß wir lieber unsere Forderung etwas niedriger stellen, um nur recht sicher zu gehen.«[109]

Dem schloss sich Superintendent Schultz inhaltlich und »von ganzem Herzen« an.

Kaufinteressenten, die leichte Beute witterten, gab es genug. Schon kurze Zeit später meldete sich Regierungsrat Schweder (Schreders), Eigentümer der Grundstücke Marienstraße 4 und 5 (heute Nr. 9 und 10), dessen Gärten an den Holzplatz der Stiftung grenzten. Einen vorsätzlich gelegten Brand auf dem Gelände zum Anlass nehmend, führte er dem Vorstand die Gefahren vor Augen, die von der Nutzung als Holzplatz ausgingen und erbot sich, denselben für 9.000 Taler zu erwerben. Einen Betrag, den er nicht bar zu zahlen, sondern in zwei verzinslichen Hypotheken auf das Areal zu hinterlegen gedachte. Den jährlichen Zins von 322 Talern und 15 Groschen sollte die Stiftung erhalten. Die Kaufsumme wäre fällig, sobald die einzelnen Parzellen von ihm veräußert worden seien.

Ungeachtet dessen, dass Grund und Boden das Doppelte bis Dreifache wert waren, schlug der ehrenwerte Regierungsrat der Stiftung nichts anderes vor, als mit ihrem Grundstück für seine Hypotheken zu bürgen. Das hätte es ihm erlaubt, sich den Grundbesitz anzueignen, ohne auch nur einen Groschen eigenes Geld in die Hand zu nehmen, während die andere Seite im Falle seiner Insolvenz oder seines Todes sowohl des Holzplatzes als auch der in Aussicht gestellten Kaufsumme verlustig gegangen wäre.

Kapitalismus hin oder her, eine derartige Dreistigkeit war wohl selbst den Administratoren zuviel. Das Ansinnen wurde abgewiesen.

Generalpächter Barnewitz hatte gerüchteweise von den Verkaufsabsichten erfahren und legte seinerseits ein Angebot vor, das den Erwerb sämtlicher Grundstücke beinhaltete. Er war bereit, eine Summe von 55.000 Talern zu zahlen.

Schon wegen des sich immer dringender stellenden und vom Generalpächter angesprochenen Neubaues der Häuser, war der Stiftungsvorstand gewillt, auf den Kaufantrag einzugehen. Man befürchtete jedoch, dass sich die Verhandlungen mit dem Polizeipräsidium über die Frist der jetzigen Generalpachtvereinbarung hinziehen könnten. Barnewitz wurde deshalb gefragt, ob er sich dazu verstehen könne, auch nach Vertragsende Pacht zu zahlen, ohne dass die Stiftung an eine Verlängerung des Kontraktes mit ihm gebunden sei.

Barnewitz erklärte sich nicht nur damit einverstanden, sondern erhöhte auch noch einmal sein Kaufangebot auf 60.000 Taler.

Das Polizeipräsidium lehnte mit Hinweis auf den Stifterwillen einen Verkauf kategorisch ab und verlangte von den Administratoren, »ihr Augenmerk lediglich darauf zu richten, auf welche Weise das Grundstück durch Vermietung oder Verpachtung dem Testamente gemäß am vortheilhaftesten genutzt werden kann.«[110]

Das ließ an Deutlichkeit nichts zu wünschen übrig, bewies aber neuerlich, wie weitsichtig Koepjohanns Bestimmungen gewesen waren.

Barnewitz unterbreitete einen anderweitigen Vorschlag. Auf die beschwerliche Verwaltung des Stiftungsbesitzes wie auch auf die unverhältnismäßig hohen Reparaturkosten der Häuser verweisend, regte er an, ihm die Grundstücke in Generalerbpacht zu überlassen. Die Stiftung müsste in dem Fall nicht verkaufen und bliebe Eigentümer, er aber wäre dadurch in die Lage versetzt, Darlehen für die notwendigen Instandsetzungen aufzunehmen.

Schultz äußerte zwar Bedenken, dass dem Vorstand daraus künftig Schwierigkeiten und Weitläufigkeiten erwachsen könnten, vermochte der Idee aber durchaus etwas Positives abzugewinnen. Pfarrer Ideler teilte dessen Meinung. Hertz und Behrends hielten dagegen, konnten sich aber nicht durchsetzen. Der entsprechende Antrag wurde beim Polizei-Präsidium am 4. Juni 1841 eingereicht.

Mit dem abermaligen Verweis auf die Bestimmungen des Testaments und des Reglements untersagte die Aufsichtsbehörde auch den Abschluss des Erbpachtkontraktes. Allein die Pacht durfte verlängert werden.

Als 1846 die Witwe des Steinmetzmeisters Huth der Stiftung einen Kaufantrag für den durch ihren Mann gepachteten Platz unterbreitete, sahen die Laienadministratoren die Gelegenheit gekommen, den Verkauf sämtlicher Stiftungsgrundstücke abermals zur Sprache zu bringen. Die beiden Geistlichen, belehrt durch die bisherigen Erfahrungen, erklärten dagegen, dass das kein Thema mehr für sie sei.

Unbeirrt davon wandten sich Hertz und Behrends in einer eigenen Note an das Konsistorium mit dem Ziel, erst die Behörde für den Plan zu gewinnen und ihn dann dem König vorzulegen, der als einziger das Verkaufsverbot aufheben konnte. Die unterschiedlichen Ansichten in der Administration zur Sprache bringend, wurde von ihnen betont, dass sie eine Veräußerung der Grundstücke nicht nur befürworteten, sondern auch mit dem Zweck der Stiftung für vereinbar hielten, wenn dieser daraus ein erheblicher Nutzen erwachse.

Das Konsistorium, das seit 1843 wieder als Aufsichtsbehörde der Stiftung fungierte, machte keinen Hehl aus seiner ablehnenden Haltung. Nur für den Fall, dass der Zustand der Gebäude sich weiter verschlechtern und immer mehr Mittel beanspruchen sollte, stellte man eine Prüfung des Verkaufsverbots in Aussicht. Das war ein Wink mit dem Zaunpfahl. Doch eben darauf, die Häuser dem Verfall preiszugeben, konnte sich der Vorstand schwerlich einlassen, wollte er nicht auch die letzten Mieteinnahmen verlieren.

Hatten sich die Pfarrer eindeutig positioniert, keinem Verkauf der Stiftungsgrundstücke mehr zuzustimmen, erfolgte 1850 abermals die Kehrtwende.

Der Evangelisch-Kirchliche Verein war mit dem Wunsch an die Stiftung herangetreten, ihm eine Parzelle für den Bau eines Betsaales zu verkaufen oder, wenn dies nicht möglich sein sollte, ein langfristiges Mietverhältnis von 50 Jahren zu gewähren. Die Friedrich-Wilhelm-Stadt, mittlerweile mehr als 12.000 Einwohner zählend, besaß knapp zweieinhalb Jahrzehnte nach ihrer Entstehung noch kein eigenes Gotteshaus und gehörte nach wie vor zur Parochie der Sophienkirche.

Ihrer Mission als Geistliche verpflichtet, aber wohl auch in der Hoffnung, wenigstens einen Teil der Verantwortung für die eigene, ständig wachsende Gemeinde delegieren zu können, bekundeten Schultz und Ideler umgehend ihre Bereitschaft, sich der Sache mit allen Kräften anzunehmen. Grundsätzlich stimmte auch Kurator Behrends zu; nur Hertz machte sich zum Anwalt des Stifters und protestierte scharf.

Er verwies auf den entsprechenden Paragraph im Reglement wie auch auf die Resultate früherer Vererbpachtungen und führte die Nachteile auf, die der Bau einer Kirche zur Folge hätte, da in der Nähe »wohl nicht füglich an Arbeitsstätten, oder sonst irgend ein Geschäft gedacht werden kann, die anfallendes Geräusch oder Unruhe verursachen«. Auch fragte er provokant, ob man sich denn vorstellen wolle, das Gotteshaus nach Ablauf des Kontraktes oder bei einer Kündigung durch den Verein wieder abzureißen.

Eingedenk der Fehler, die in der Vergangenheit gemacht wurden, beschwor er seine Mitstreiter eindringlich, von dem Vorhaben Abstand zu nehmen: »Ich habe schon oben mir erlaubt auseinanderzusetzen, mit welchem großen Nachtheil für unsere Stiftung die Handlung unserer Vorgänger rücksichtlich der Erbpacht verbunden war u. kann es nicht begreifen, daß das Gesetz sie für diese Pflichtvergessenheit nicht zum Ersatz des Schadens aus eigenen Mitteln verurtheilt hat. Lassen Sie uns nicht an einer ähnlichen Klippe scheitern, denn diese Vermiethung wäre dasselbe, nur in veränderter Form.«[111]

Schultz bestritt vehement, dass es sich hier um einen vergleichbaren Fall handele und sah es geradezu als heilige Pflicht an, den Kirchbau zu unterstützen: »Wenn unser Freund H. Hertz sagt; dafür müßte der staat sorgen, so vergessen wir; daß er es jetzt um so weniger thun kann, nachdem die Trennung der Kirche vom Staat ausgesprochen ist.«[112]

Schultz spielte auf die durch die Märzrevolution erzwungene Preußische Verfassung an und blieb dabei, dass an der Unterstützung für den Kirchbau um des höheren sittlichen Rechts willen kein Weg vorbeiführe und kein Buchstabe des Testaments die Stiftung daran hindern könne. Noch einen Schritt weitergehend, schlug er vor, dem Verein Grund und Boden unentgeltlich zu überlassen.

Ideler erklärte sich in allen Punkten einverstanden mit den Vorschlägen seines Amtsbruders, während Administrator Behrends für eine Verpachtung auf 25 oder

30 statt der geplanten 50 Jahre plädierte. Einer Schenkung erteilte er eine Absage.

Ende März 1850 wandte sich der Vorstand an das Königliche Konsistorium, das aber mit ähnlichen Argumenten, wie Hertz sie schon ins Feld geführt hatte, das Gesuch abschlägig beschied.

Die Administration empfand den Grundbesitz jedoch weiterhin als Klotz am Bein, zumal die Instandhaltung der Gebäude immer mehr Gelder verschlang. Erst 1845 waren umfängliche Putz-, Dachdecker-, Tischler-, Schlosser- und Glaserarbeiten vorgenommen worden. Zwei Jahre später hatte ein Hagelsturm den Großteil der Fensterscheiben zertrümmert. Im Sommer 1850 schließlich meldete Generalpächter Barnewitz bedenkliche Schäden an den Dächern. Gleichzeitig verlangte die Polizei die Reparatur einer Rinnsteinbrücke, die in ihrem jetzigen Zustand eine Gefahr für Passanten darstellte.

Wesentlich einfacher und lukrativer erschien es dem Vorstand, die Mittel, derer die Stiftung für ihr Versorgungswerk bedurfte, nur noch aus Kapitalanlagen zu generieren und sich der Häuser zu entledigen.

1852 unternahm man abermals einen Anlauf, die Erlaubnis zum Verkauf zu erwirken und berief sich auf das sechs Jahre zurückliegende Zugeständnis der Behörde, den Antrag dann noch einmal prüfen zu wollen, wenn die Aufwendungen zur Unterhaltung der Stiftungshäuser in keinem Verhältnis mehr zu den Einnahmen stünden.

Ein Neubau als Alternative zum Verkauf verbot sich nach Ansicht des Vorstandes sowohl der Statuten, die eine Hypothekenaufnahme ausschlossen, als auch der unsicheren Zeiten wegen. Unter Beteiligung der Großmächte Frankreich, Großbritannien und Russland hatten eben erst Dänemark und Schweden auf der einen sowie Österreich und Preußen auf der anderen Seite das Londoner Protokoll unterzeichnet, mit dem der Erste Schleswig-Holsteinische Krieg völkerrechtlich bindend beendet worden war.

Das Königliche Konsistorium, das im Zweifel einem Neubau den Vorzug gab, sah für den Abriss der Gebäude aber noch keinen Anlass und lehnte auch diesen Verkaufsantrag ab, nicht ohne einem Irrglauben der Stiftungsverantwortlichen entgegengetreten zu sein: »Wenn die Herren Administratoren in Bezug auf die Frage eines Neubaues das Bedenken aussprechen, daß in unruhigen Zeiten Ausfälle in den Miethzinsen befürchtet werden könnten, so ist hierauf zu bemerken, daß unter solchen Verhältnissen auch Ausfälle in den Zinsen von Kapitalien zu besorgen sind.«[113]

Das Kuratorium entschloss sich widerwillig, dem Vorschlag der Behörde zu folgen und einen Neubau zu erwägen. Zunächst musste Klarheit über den baulichen Zustand der Häuser und deren Sanierungsbedarf gewonnen werden. Unter Hinzuziehung eines Sachverständigen, des Rats- und Hofzimmermeisters Pardow, der auch in den Stiftungsvorstand aufgenommen wurde, holte man Kostenvoranschläge ein. Es stellte sich heraus, dass allein die Behebung der gröbsten Mängel einen Betrag von 715 Talern erforderte. Maurer-, Zimmer-, Tischler- und Steinsetzarbeiten beanspruchten das Gros der Kosten. Da für Glaserarbeiten immerhin 54 Taler nötig waren, scheinen auch schon wieder Fensterscheiben reihenweise kaputt gewesen zu sein.

Das alles sprach für einen Neubau, vor dem man aber in der Stiftung doch zurückschreckte, weil die Verfügung, Wohnungen ausschließlich auf dem Wege der Versteigerung zu vergeben, auch dann noch Gültigkeit besessen hätte. Dieses Verfahren machte man dafür verantwortlich, dass die Mieten in den Stiftungshäusern stetig gesunken waren.

Der Vorstand insistierte gegenüber dem Konsistorium deshalb weiterhin auf einem Verkauf, zwar nicht mehr sämtlicher, aber der bebauten Grundstücke am Schiffbauerdamm und der Albrechtstraße. Die Holzplätze an der gegenüberliegenden Seite der Albrechtstraße sollten im Eigentum der Stiftung verbleiben.

Die Aufsichtsbehörde war jedoch hinsichtlich eines Verkaufs nicht geneigt, auch nur den kleinen Finger zu reichen. Mit dem Verweis auf die gestiegenen Baukosten wurde 1853 ein letzter derartiger Antrag eingereicht und – von der Behörde abgewiesen.

Erste Neubebauung des Stiftungsgrundstückes

Die größte Schwierigkeit, die sich einer Neubebauung entgegenstellte, bereitete das fehlende Kapital. Bei der Abfassung des Reglements hatte Hofrat Michaelis zwar an die Möglichkeit einer Kapitalvorsorge gedacht, sich aber weder beim Konsistorium noch bei den Vorstehern Gehör verschaffen können.

1847 war der Stiftung gestattet worden, einen Baufonds anzulegen, in dem sich mittlerweile 1750 Taler befanden. Die Behörde riet, die Summe in den nächsten Jahren kontinuierlich zu erhöhen, um für den Neubau nur einen geringen Kredit aufnehmen zu müssen.

Angesichts der maroden Häuser konnte an eine Steigerung der Mieten, mit denen der Fonds hätte aufgefüllt werden können, allerdings nicht gedacht werden. Das Konsistorium schlug deshalb vor, die Unterhaltszahlungen für die Koepjohannitinnen mit Augenmaß und unter Berücksichtigung ihrer persönlichen Verhältnisse zu kürzen.

Entwurfszeichnung von Adolph Lohse

Die Administratoren beugten sich endlich dem Wunsch nach einem Neubau, machten aber noch einmal deutlich, dass sie nicht die Verantwortung zu übernehmen gedächten, falls das Vorhaben scheitern sollte. Was die weiteren Schritte betraf, regten sie an, das Hauptgebäude am Schiffbauerdamm vorerst nicht anzutasten, um den gänzlichen Mietausfall zu vermeiden, und stattdessen nur den Gebäudetrakt abzureißen, der die geringsten Mieterlöse erbrachte. Es handelte sich um den ehemaligen Hofflügel des Komplexes, der nun als Vorderhaus an der Albrechtstraße stand.

Den Baufonds aufzustocken lehnten sie dagegen ab, da er ihrer Meinung nach dem Willen des Stifters widersprach und sich nur einige hundert Taler im Jahr für diesen Zweck zurücklegen ließen. Das würde den Baubeginn unnötig verzögern. Um jedoch nicht noch auf längere Sicht hin Geld in bloße Erhaltungsmaßnahmen zu stecken, sprachen sie sich für den raschen Abriss und Neubau aus. Das setzte eine hypothekarische Belastung des Stiftungsgrundstückes voraus, welche nun aber als kleineres Übel betrachtet wurde. Angesichts des Wirtschaftsaufschwungs in den 1850er Jahren und den wieder steigenden Mieten war man im Vorstand zuversichtlich, die Hypotheken innerhalb einer angemessenen Zeit ablösen zu können.

Eine solche Finanzierung, gab man dem Konsistorium zu bedenken, würde es darüber hinaus gestatten, die Unterhaltsleistungen im bisherigen Umfang weiterzuführen.

Es gingen freilich noch sechs Jahre ins Land, ehe 1859 der Abriss des Seitengebäudes erfolgte. Mit den Planungen des Neubaues wurde Adolph Hermann Lohse betraut, der unter Schinkel studiert hatte und sich eines guten Rufes als Baupraktiker erfreute. Bis dahin vorrangig mit der Ausführung und dem Umbau von Bauten betraut, darunter der Strafanstalt Moabit bzw. des Prinz-Albrecht-Palais', erhielt er hier die Chance, erstmals als entwerfender Architekt hervorzutreten.

Um ausreichend Kapital zur Verfügung zu haben und für alle Eventualitäten gewappnet zu sein, entschlossen sich Administration und Konsistorium 1861, das Stiftungsgrundstück in fünf Parzellen aufzuteilen, sodass diese unabhängig voneinander beliehen werden konnten. Im Herbst des Jahres erfolgte die Fertigstellung des repräsentativen Ensembles Albrechtstraße 12/12a (heute Nr. 15/16).

1862 verzeichnete das Berliner Adressbuch als Bewohner in den beiden Häusern vornehmlich Handwerker und Dienstleute. Menschen mit geringem Einkommen, die wohl erst einmal, wie es üblich war, die baufeuchten Räumlichkeiten trocken wohnten und dafür einen geringeren Mietzins zu zahlen brauchten. Und nicht jede

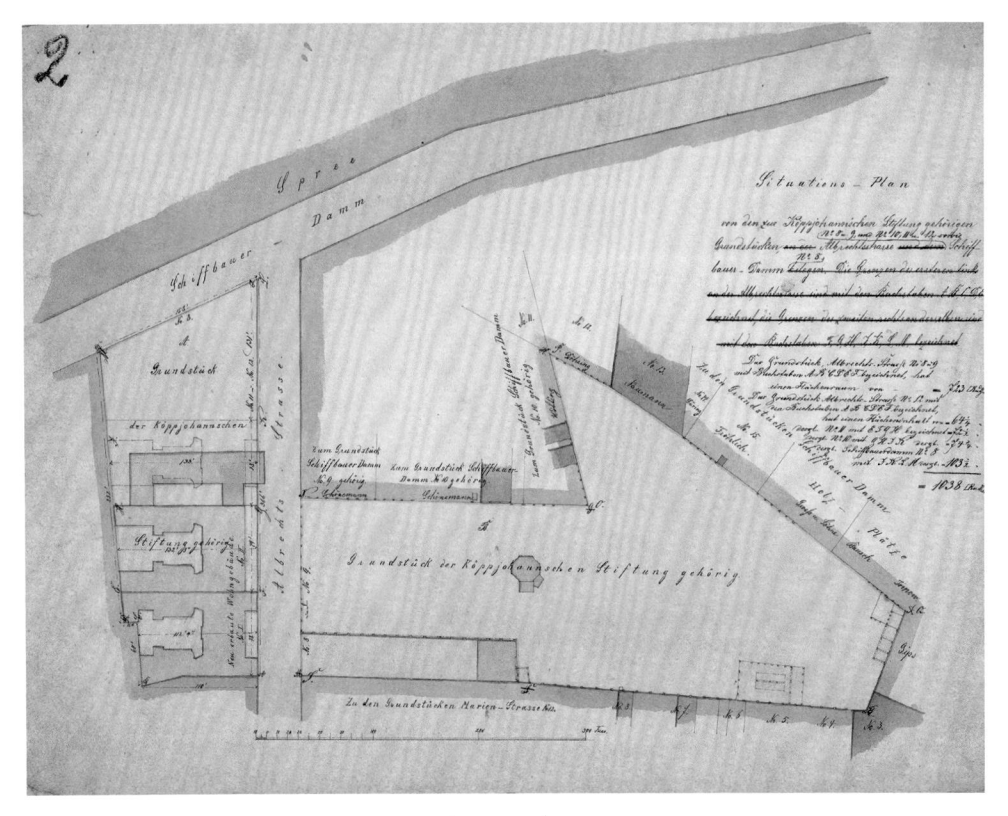

Situationsplan

Vestibül Albrechtstraße 15

Wohnung scheint schon belegt gewesen zu sein. Ein Jahr später hatte sich die Anzahl der Mietparteien von vierundzwanzig auf vierunddreißig erhöht, die soziale Mischung sich zugunsten einer zahlungskräftigeren Klientel aus Beamten und Gelehrten, Kaufleuten und ranghohen Offizieren verschoben. Generalmajor Friedrich v. Clausewitz, Neffe des Heeresreformers und Begründers der modernen Militärwissenschaft Carl von Clausewitz, durfte zur Berliner Prominenz gezählt werden.

Damit war die Stiftung wieder deutlich besser aufgestellt, wenngleich die Rückzahlung des aufgenommen Kapitals in den folgenden Jahren eine Herausforderung blieb. Es zeigte sich, dass auch in der Friedrich-Wilhelm-Stadt die Begüterten, wie es bereits in der Spandauer Vorstadt gang und gäbe war, allmählich in andere Stadtteile, insbesondere in den Tiergarten abwanderten. General v. Clausewitz übersiedelte später ebenfalls ins »Geheimratsviertel«, wie das Villenquartier um die Matthäikirche im Volksmund genannt wurde.

Inzwischen hatten sich die politischen Verhältnisse gewandelt. König Friedrich Wilhelm IV. war nach mehreren Schlaganfällen nicht mehr regierungsfähig und 1858 durch Wilhelm I. abgelöst worden. Zunächst als Prinzregent die Geschäfte führend, bestieg er nach dem Tod seines älteren Bruders 1861 den Thron. Mit der Regentschaft des späteren deutschen Kaisers begann Otto von Bismarcks Aufstieg, der im folgenden Jahr das Amt des Ministerpräsidenten und des Außenministers in Personalunion übernahm.

Bismarcks Politik aus »Blut und Eisen«, die 1864 in den Deutsch-Dänischen Krieg und 1866 in den Deutschen Krieg mündete, gelang es, endgültig die Vorherrschaft in Deutschland zu erringen. Österreich musste sich nach der verlorenen Schlacht von Königgrätz fortan mit der zweiten Rolle begnügen.

Beide Kriegsschauplätze hatten außerhalb Preußens gelegen, doch von den Erschütterungen blieb das Inland nicht verschont. Seit geraumer Zeit schon reagierten die Finanzmärkte nervös; die Verunsicherung kulminierte am 11. Mai 1866 im »schwarzen Freitag«. In Berlin kam es an der Börse zu dramatischen Kursstürzen, die eine fast 2-jährige Rezession nach sich zogen.

Die wirtschaftlich schlechte Lage machte sich auch in den Stiftungshäusern Albrechtstraße 12/12a bemerkbar. Nur noch jeder fünfte Bewohner gehörte 1867 zu den Erstmietern. Vor allem in den Hintergebäuden, in denen die ärmeren Schichten wohnten, war die Fluktuation groß. Viele der Familien zogen in neu entstehende, preiswertere Stadtviertel – häufig genug unter Hinterlassung von Mietschulden. Sorge, seines Zeichens Bademeister, hieß einer der neuen Mieter. Sein Name stand wohl auch sinnbildlich für die Situation der Stiftung.

An deren Spitze war 1865 Superintendent Friedrich Otto Strauß getreten. Der Sohn des unter Friedrich Wilhelm IV. einflussreichen Oberhofpredigers Friedrich Strauß rückte für Schultz nach, der sich hatte pensionieren lassen. Anstelle des verstorbenen Pfarrers Ideler fungierte bereits seit 1861 Franz Ottomar Seyring als zweiter Geistlicher im Stiftungsvorstand. Das Verhältnis beider Pastoren entbehrte nicht der Spannungen, da Seyring bei der Wahl zum ersten Prediger vom Konsistorium übergangen worden war.

In der Gemeindearbeit stellten sich darüber hinaus neue Aufgaben. Die sozialen Konflikte erforderten, den Blick stärker als bisher auf die Armenpflege zu richten. Hatte sich früher ein Verein der inneren Mission um Belange der Fürsorge gekümmert, organisierte die Gemeinde diese nun mehrheitlich selbst. Pflegschaften wurden übernommen und wohltätige Vereine gegründet. Zumeist von engagierten Gemeindegliedern getragen, bedurfte es dennoch der Koordination und Unterstützung durch die Pfarrer. Dass dabei die Angelegenheiten der Stiftung nicht unter die Räder gerieten, ist beiden Geistlichen hoch anzurechnen.

1869 sah sich der Vorstand neuerlich vor eine Gewissensfrage gestellt. Der Berliner Magistrat fragte an, ob die Stiftung gewillt sei, zur Errichtung eines Schulgebäudes ein Grundstück in der Albrechtstraße oder am Schiffbauerdamm entweder zu verkaufen oder in Erbpacht zur Verfügung zu stellen. Die Kuratoren lehnten sowohl das eine als auch das andere einhellig ab.

Im Kaiserreich

Nach dem Krieg gegen Frankreich und der Proklamation des deutschen Kaiserreiches am 18. Januar 1871 im Spiegelsaal von Schloss Versailles rückte Berlin zur Reichshauptstadt auf. Zu diesem Zeitpunkt mehr als 800.000 Einwohner zählend, war die Spreemetropole bereits das wirtschaftliche und kulturelle Zentrum Deutschlands. Eine Stellung, die es ungeachtet der Stagnationsphasen in den 1880er und frühen 1890er Jahren bis zum Ersten Weltkrieg weiter ausbauen konnte.

»Der Beginn der Kaiserzeit gehört noch in die Hochkonjunkturzeit [...] Die frühen siebziger Jahre waren nun gerade in Berlin durch eine regelrechte Überhitzung gekennzeichnet, die durch die überraschend schnelle Zahlung der französischen Kriegsentschädigung in Höhe von fünf Milliarden Francs oder vier Milliarden der neuen Markwährung verursacht wurde. Der unerwartet reiche Geldstrom führte zu hektischen Firmenneugründungen, vor allem auf der Basis von Aktiengesellschaften, und zu immer gewagteren Spekulationen mit Börsenpapieren, bis die z. T. wenig soliden Unternehmen der ›Gründerzeit‹ im großen Börsenkrach von 1873 zusammenbrachen.«[114]

Im Vorstand der Koepjohann'schen Stiftung behielt man angesichts des Gründerzeitfiebers aber offenbar einen kühlen Kopf und beteiligte sich an risikoreichen Geschäften nicht. Der Grundbesitz, dessen sich die Vorgänger so gern entledigt hätten, verhinderte, dass man nach dem Börsenkrach vor dem Nichts stand.

Mit der Einsetzung eines Hausverwalters war 1872 jedoch eine entscheidende Neuerung in der Stiftung eingeführt worden. Rechnungsrat Neumann, zugleich Mitglied im Kuratorium, nahm die Aufgabe bis 1880 wahr. Ihm folgten Rechnungsrat Friedrich Wilhelm Schalhorn und 1881 Rechnungsrat Ernst Paucke, der bzw. dessen Sohn, Heinrich Paucke, die Geschicke der Stiftungshäuser bis 1945 leiten sollte.

Gleichwohl die Verwaltung nun in professionellen Händen lag, erlitt die Stiftung 1876 doch noch einmal einen Besitzverlust. Für den Bau der Stadtbahn musste ein im hinteren Teil des Grundstückes Albrechtstraße 9/10 gelegenes Areal abgetreten werden. Eine Alternative gab es wegen des höheren Interesses nicht. Immerhin wurde eine Entschädigung von 300.000 Mark ausgehandelt.

Aus Krankheitsgründen hatte Strauß mittlerweile sein Amt als Superintendent niedergelegt; 1879 gab er auch seine Stelle an der Sophienkirche auf. Bei der Neuwahl des ersten Predigers sprach sich eine überwältigende Mehrheit der Gemeinde für Seyring aus. Zum zweiten Pfarrer wurde George Souchon gewählt, der davor an der Spandauer St. Johanniskirche tätig gewesen war.

Entwurfszeichnung von Friedrich Schulze-Kolbitz

Anfang der 1880er Jahre eskalierten in Sophien die Streitigkeiten zwischen den liberalen und konservativen Kräften. Seit der 1873 eingeführten Synodalordnung, die erstmals Wahlen zum Gemeindekirchenrat vorschrieb, hatten sich in der Gemeinde bald Gruppierungen gebildet, »die den Charakter von weltanschaulich ausgerichteten Parteien annahmen. Auf der einen Seite standen die Liberalen, die sich als aufgeklärt und fortschrittlich sahen, den Fortschritt der Wissenschaften, auch in der Theologie, für gut und unaufhaltsam hielten, und auf der anderen Seite die eher Konservativen, die am überlieferten Bibelglauben festhielten und die liberale Theologie und ihre Diesseitigkeit ablehnten. Diese organisierten sich im Positiven Parochialverein. Anfangs hatten in der Sophiengemeinde die Liberalen eine unangefochtene Mehrheit, aber 1882 entbrannte ein erbitterter Wahlkampf um die Sitze im neu zu wählenden Gemeindekirchenrat. Das führte unter anderem zu Geschäftsordnungstricks, Wahlfälschungen, einer Unmenge von gegenseitigen Beschuldigungen und lautstarken Auseinandersetzungen. Erst ein Jahr später konnten die Wahlen zu einem ordnungsgemäßen Abschluss gebracht werden und die Positiven spielten seitdem für lange Zeit die führende Rolle in der Gemeinde.«[115]

Gedenken an das Jüdische Altersheim in der Großen Hamburger Straße

Von all dem blieb die Stiftung schon allein dadurch nicht verschont, dass beide Pastoren in diese Auseinandersetzungen involviert waren. Dennoch verfolgte der Vorstand zielstrebig die weitere Neubebauung der Grundstücke. 1883 wurde das Koepjohann'sche Stammhaus am Schiffbauerdamm abgerissen und der freigewordene Platz an einen Steinhändler verpachtet. An der Albrechtstraße 11 (heute Nr. 14) entstand ein 4-geschossiges Wohnhaus, das Ende 1885 bezugsfertig war. Abermals hatte mit Friedrich Schulze-Kolbitz ein Architekt von Rang verantwortlich gezeichnet, nach dessen Plänen später das Preußische Landtagsgebäude und das Preußische Herrenhaus (heute Abgeordnetenhaus bzw. Bundesratsgebäude) errichtet wurden.

Das Adressbuch 1886 nennt nun auch Namen von Mietern wie Goldbaum, Löwenstein und Sachs, die auf eine jüdische Herkunft verwiesen.

Wilhelm Sachs, inzwischen Alleininhaber der Firma Gebrüder Sachs, die Gummiwaren und wetterfeste Bekleidung herstellte, stand in zweiter Generation einem Unternehmen vor, das unter dem Namen Behrendt & Sachs als Gummi- und Guttaperchawarenfabrik (Guttapercha: kautschukähnlicher Milchsaft südostasiatischer Bäume) 1859 in Berlin eröffnet worden war. Als selbständige Ausgründung entstand 1879 die Firma Adolf Sachs und aus dieser wiederum 1897 Adolf Sachs Söhne, dessen Mitinhaber William Sachs war, der Vater von Nelly Sachs. Wilhelm Sachs, Urgroßvater oder Urgroßonkel der Dichterin und Literaturnobelpreisträgerin, lebte bis zu seinem Tod 1905 im Haus in der Albrechtstraße.

Jüdische Bewohner, das war ein Novum, hatte es in den Stiftungshäusern weder im 18. noch in der ersten Hälfte des 19. Jahrhundert gegeben. Offenbar aber zeitigte die unter Bismarck 1869/71 erfolgte gesetzliche Gleichstellung der Juden auch hier ihre Wirkung. Bis zum Ersten Weltkrieg stieg die Zahl jüdischer Wohn- und Gewerbemieter in den Häusern der Stiftung auf über 25 Prozent. Das lag weit über dem Durchschnitt, betrug doch der Anteil der Juden an der Einwohnerschaft Berlins nur rund 5 Prozent.

Die räumliche Nähe zur Spandauer Vorstadt und den dort zahlreich vertretenen jüdischen Gemeindeeinrichtungen wie dem 1861 eröffneten neuen Krankenhaus in der Auguststraße, der 1863 von der Rosenstraße in die Große Hamburger Straße übersiedelten Knabenschule oder der 1866 eingeweihten Neuen Synagoge in der Oranienburger Straße dürfte maßgeblich die Entwicklung der Friedrich-Wilhelm-Stadt wie auch der Stiftungshäuser zu einer beliebten Wohnadresse des jüdischen Mittelstandes befördert haben.

An der Jahrhundertwende machten sich erstmals Nachträge in Testament und Reglement der Stiftung erforderlich. Damit reagierten Administration und Königliches Konsistorium »auf die im Laufe eines Jahrhunderts eingetretene Umgestaltung der allgemeinen sozialen Verhältnisse, insbesondere auf den verminderten Geldwert«.[116]

Nicht zuletzt hatten die Bismarckschen Sozialgesetze, so unzulänglich sie auch waren, dazu beigetragen, dass sich die Situation der Arbeiterschaft verbesserte. 1883 war das Gesetz über die Krankenversicherung, 1884 das Unfallversicherungsgesetz und 1889 das Gesetz über die Alters- und Invaliditätssicherung verabschiedet worden. So erhielten Arbeiterfrauen, deren Männer einen tödlichen Betriebsunfall erlitten, jetzt immerhin eine Witwenrente. Sie belief sich gerade einmal auf ein Fünftel des Verdienstes, nahm aber zum ersten Mal Arbeitgeber und Staat in die Fürsorgepflicht. Während die Liberalen angesichts der neuen Gesetze schon das Schreckgespenst des »Staatssozialismus« an die Wand malten, dürften sich private und kirchliche Wohlfahrtseinrichtungen durchaus entlastet gefühlt haben.

Bei der 1898 vorgenommenen Revision von Testament und Reglement der Koepjohann'schen Stiftung ging es denn auch nicht nur um die Neufassung der Fürsorgesätze, sondern vor allem um die Anpassung des noch unter feudalabsolutistischen Verhältnissen verfassten Regelwerks an eine inzwischen kapitalistische Umwelt.

Eingeräumt wurde der Stiftung nunmehr das Recht, den Baufonds fortlaufend zu vermehren und Grundstücke vorübergehend hypothekarisch zu belasten. »Die baldige Amortisation der Baudarlehen ist aber anzustreben. Eine Schädigung der ge-

genwärtigen Benefiziatinnen der Stiftung und eine Beschränkung der sonst erforderlichen Ausgaben darf nicht stattfinden.«[117]

Eine weitere Festlegung betraf die Kapitalvermehrung: »Nach vollendeter Bebauung der noch vorhandenen Plätze und nach erfolgter Rückzahlung etwaiger hypothekarischer Bauschulden ist durch jährliche Ansammlung des zehnten Teiles vom Reinertrage der Grundstücke ein Reservefond zu bilden bis zur Hälfte des zehnten Teils des Feuerkassenwertes sämtlicher Stiftungsgebäude.«[118]

Überschüsse aus den Grundstücken und den Zinsen des Reservefonds sollten dagegen in die Unterstützung der Bedürftigen fließen. Die neuen Versorgungsleistungen gliederten sich wie folgt:

»I. 1. Für eine Verwandten-Witwe
   a. laufende Unterstützung vierteljährlich 50 M
      in Worten: Fünfzig Mark
   b. Holzgeld einmal im Oktober jeden Jahres 40 M
      in Worten: Vierzig Mark
2. Für eine Verwandten-Witwe mit Kindern
   a. dieselben Unterstützungen wie zu 1a und b und
   b. dazu für jedes Kind bis zum vollendeten 16ten Lebensjahr
      jährlich 20 M bis zur Höhe von 60 M
      in Worten: Sechzig Mark
3. Für eine Verwandten-Witwe mit schwachsinnigen oder verkrüppelten Kindern über 16 Jahre
   dieselben Unterstützungen wie zu 2a und b
4. Für eine vater- und mutterlose Waise oder Waisenfamilie bis zum vollendeten 16. Lebensjahr der jüngsten Waise
   dieselben Unterstützungen wie 1a und b
5. Für eine vater- und mutterlose schwachsinnige oder verkrüppelte Waise resp. Waisenfamilie dieselben Unterstützungen wie 1a und b.

II. Für eine Bürgerwitwe aus der Sophien-, St. Johannis- und St. Phillippus-Apostel-Kirchengemeinde:
   a. laufende Unterstützung vierteljährlich 15 M
      in Worten: Fünfzehn Mark
   b. Holzgeld einmal im Oktober jeden Jahres 20 M
      in Worten: Zwanzig Mark

III. Für die Witwen und Waisen aus der Verwandtschaft des Stifters und seiner Ehefrau sowie für die Bürgerwitwen aus der Sophien-, St. Johannis Evangelist- und St. Phillipus-Apostel- Kirchengemeinde können an einmaligen außerordentlichen Unterstützungen gewährt werden:

a. für Konfirmanden, deren Mütter als Witwen im Genusse der Stiftung stehen, auf näheren Nachweis eines Geistlichen der bei der Stiftung beteiligten drei Gemeinden und zwar ohne Abzug zu Weihnachten je 20 M in Worten: Zwanzig Mark
b. Begräbnisbeihülfen je 30 M in Worten: Dreißig Mark
c. im Laufe des Quartals je 6 M, deren Anrechnung bei der nächsten Quartalszahlung erfolgt
d. zu Weihnachten aus dem am Jahresschluß voraussichtlich vorhandenen verfügbaren Beständen des Unterstützungsfonds.«[119]

Neu geregelt wurde daneben die Honorierung der mit der Stiftungsverwaltung betrauten Geistlichen. Sie erhielten fortan ein Jahresentgelt von 600.- Mark.

An Sophien hatte es inzwischen mehrfache Wechsel der Pfarrer gegeben. Nach Seyrings Tod war Otto Ludwig Leonhardt 1887 erster Prediger geworden. Zuletzt als Superintendent und Oberpfarrer in Arnswalde tätig gewesen, stammte er jedoch aus der Sophiengemeinde und hatte hier bereits als Hilfsprediger gewirkt. Souchon, vom Konsistorium übergangen, blieb im Amt des zweiten Pfarrers. Seit 1885 gab es zusätzlich eine dritte Predigerstelle, die zunächst Emanuel Gustav Wilke innehatte, ehe ihm 1888 der 25-jährige Walter Burckhardt folgte, ein Jünger des Hofpredigers und wütenden Antisemiten Adolf Stöcker. Burckhardt starb indes schon 1890. An seine Stelle trat Bernhard Gottlieb Wilhelm Thiele und schließlich Theodor Korth.

Längst hatten die Pfarrer nicht nur mit größeren Bauvorhaben der Stiftung, sondern auch mit solchen der Gemeinde zu tun. 1881/82 war ein zweites Predigerhaus in der Sophienstraße 3 errichtet und 1884 das alte Pfarrhaus Sophienstraße 2 durch einen Neubau ersetzt worden. 1885 erhielt die Gemeinde die Genehmigung zum Erwerb der Grundstücke Große Hamburger Straße 28–31. In Nr. 30a wurde die im selben Jahr ins Leben gerufene Kinderbewahranstalt eingerichtet. Nach ersten Entwürfen von Baurat Friedrich Schulze-Kolbitz und des Büros Kyllmann & Heyden übernahm schließlich Baumeister Kurt Berndt 1891 den Umbau der Sophienkirche, die im Inneren weitgehend ihre heutige Gestalt erhielt. 1901 begann mit der Fertigstellung des Gemeindehauses die grundlegende Umgestaltung der Grundstücke an der Großen Hamburger Straße. Mit 1904/05 ist die Errichtung der gemeindeeigenen Wohngebäude beiderseits der Kirche datiert.

Nach der Jahrhundertwende erfolgte abermals ein Wechsel der Pfarrer. Für den verstorbenen zweiten Prediger Souchon kam 1901 Wilhelm Witte, der später die Chronik zum 200-jährigen Bestehen der Sophiengemeinde verfasste. Anstelle des Konsistorialrats Leonhardt, der 1902 starb, trat Superintendent Eduard Martin Johannes Wuttke im Jahr darauf das Amt des ersten Predigers an.

Sophienkirche nach dem Umbau 1892

Gemeindehaus, um 1912

Schiffbauerdamm 8, um 1910

Unter Wuttke und Witte als Administratoren wurde 1904 mit dem Wohn- und Geschäftshaus am Schiffbauerdamm 8, Ecke Albrechtstraße 13 das bislang ehrgeizigste Bauprojekt der Stiftung in Angriff genommen. Die Bausumme belief sich auf insgesamt 646.879,74 Mark. Knapp die Hälfte davon wurde über Hypotheken finanziert. Die Häuser Albrechtstraße 15/16 und Nr. 14 hatten im Vergleich dazu 396.304 Mark bzw. 261.840 Mark gekostet.[120]

Kurt Berndt, allenthalben mit Lob für den Umbau der Sophienkirche und die Errichtung des Gemeindehauses bedacht, erhielt den Zuschlag gemeinsam mit Paul Zimmerreimer. An der Innenraumgestaltung beteiligte sich möglicherweise auch schon der Architekt August Endell, den Berndt wenig später zum Bau der Hackeschen Höfe heranzog.

Am 1. April 1905 war das Eckgebäude am Schiffbauerdamm bezugsfertig. Die »Baugewerks-Zeitung« schrieb: »Die Fassade wirkt weniger durch Originalität als durch das künstlerische Bestreben, mit nicht allzu kostspieligen Mitteln die würdige Einfachheit eines Miethauses zum Ausdruck zu bringen. Das Material ist nur im ersten Geschoß echter Sandstein, in den oberen Etagen Imitation, die allerdings vorzüglich gelungen und von dem echten Stein kaum zu unterscheiden ist. Das architektonisch am meisten Charakteristische ist die Ausbildung der Ecke mit einem kräftig entwickelten Turmaufbau und der interessanten Dachausbildung, welche die Höhenwirkung desselben noch steigert.

In der vertikalen Gliederung ist noch eine breite Erkerpartie zu geschickter Belebung der ziemlich langen Fassade am Schiffbauerdamm verwendet. Horizontal liegt der dekorative Schwerpunkt über der dritten Etage, die allein eine reichere Ornamentierung in freier Stilführung aufweist. Im übrigen hält sich die Ornamentik mit offenbarer Absichtlichkeit in sehr bescheidenen Grenzen; es finden sich nur einige allegorische Darstellungen im Bezug auf die Stiftung und den Stifter über dem Portal, und außerdem blicken von den Giebeln die Figuren des Berliner Bären herab. Die innere Einrichtung des Hauses beweist ebenfalls das kluge Abwägen von finanziellen Mitteln und künstlerischem Zweck: Ein Vestibül in echtem Marmor mit wohltuender Farbtönung, das Treppenhaus in massivem Eichenholz, die Flurfenster in Bleiverglasung nach besonderen, den Zweck der Stiftungen darstellenden Zeichnungen des Architekten.

Die Ausstattung der Wohnungen zeigt den üblichen Komfort der Berliner Herrschaftswohnungen, der sich hier aber nicht, wie es in Berliner Mietshäusern mit Recht vielfach verrufen ist, über minderwertigem Material oder oberflächlicher Arbeit protzenhaft breitmacht. Ganz besonders interessant ist die in Berlin selten durchgeführte gänzliche Vermeidung der üblichen Stuckdecken. Sämtliche Decken sind nach eigenen Zeichnungen gemalt und nur teilweise durch schmale Streifen einer besonderen Antragmasse plastisch belebt. Daß das Haus schließlich mit allen technischen Fortschritten der Gegenwart – Fahrstuhl, Zentralheizung, elektrischer Beleuchtung usw. – ausgestattet ist, sei der Vollständigkeit halber nur erwähnt.«[121]

Berndt selbst verlegte nicht nur sein »Atelier für Bauausführungen« von der Elsasser Straße (heute Torstraße) an den Schiffbauerdamm, sondern auch seinen Wohnsitz. Zu den Mietern zählten ferner der Fabrikant Felix Goldstein, mehrere Kaufleute und Eisenbahndirektor Fritz Müller v. d. Werra, ein Sohn des achtundvierziger Revolutionärs und Dichters Friedrich Konrad Müller v. d. Werra.

Als einziges der Grundstücke war jetzt nur noch der ehemalige Holzplatz Albrechtstraße 9/10 unbebaut. Der an das Konsistorium herangetragene Wunsch, auch hier Häuser zu errichten oder das Gelände andernfalls zu verkaufen, wurde mit Verweis auf den Willen des Stifters bzw. die finanzielle Situation, die einen Neubau nur um den Preis hoher Schulden erlaubt hätte, abgelehnt.

Trotz der hypothekarischen Belastungen ruhte die Stiftung aber durchaus auf einem soliden wirtschaftlichen Fundament. Das zeigte sich sowohl in dem 1910 erfolgten 2. Nachtrag zum Testament, der jedem der beiden Geistlichen nunmehr ein jährliches Honorar von 1.000 Mark zugestand als auch in der großen Anzahl neuer Unterstützungsempfängerinnen. Erhalten hat sich zwar nur das Verzeichnis über die aus der Verwandtschaft des Stifters und seiner Frau stammenden Witwen, doch lassen sich die Zahlen hochrechnen.

Fanden in den 1880er Jahren lediglich 13 und im folgenden Jahrzehnt 40 Frauen Aufnahme in den Kreis derer, die regelmäßig unterstützt wurden, so erfolgte von 1900 bis 1914 mit 105 Neuaufnahmen geradezu ein Quantensprung.[122] Mittlerweile kamen Fürsorgegesuche sogar aus dem Ausland, darunter aus den USA.

Der Zweijahresetat der Stiftung 1907-09 wies Einnahmen von insgesamt 118.300 Mark aus, die sich aus 117.056 Mark Mieten und 1.244 Mark Zinsen zusammensetzten. Davon konnten 51.900 Mark für wohltätige Zwecke aufgewendet werden. Durch höhere Einnahmen in den Jahren 1910–12 stieg diese Summe auf 52.800 Mark.[123]

Dauerhaft bezuschusst wurden zuletzt 109 Verwandtenwitwen. Einige von ihnen, die Kinder bis zum 16. Lebensjahr besaßen, erhielten zusätzliche Versorgungsleistungen. Regelmäßige Unterstützung bezogen außerdem 255 Bürgerwitwen aus der Sophiengemeinde, 26 aus der Philippus-Apostel-Gemeinde und 11 aus der Johannes-Evangelist-Gemeinde. Daneben gab es einmalige Zuwendungen für Konfirmationen und Begräbnisse.[124]

Die Philippus-Apostel-Gemeinde und die Johannes-Evangelist-Gemeinde, 1851 bzw. 1859 entstanden, waren Ausgründungen der Sophiengemeinde. Da sie jedoch zum Stiftungsgebiet gehörten, hatten nunmehr auch deren bedürftige Witwen Anrecht auf Beihilfen.

Kaum noch zeitgemäß war aber, dass die Gewährung von Leistungen nach wie vor nicht nur von der existentiellen Not der Betroffenen abhängig gemacht wurde, sondern auch davon, ob sie dem christlich tradierten Frauenbild entsprachen. In einer Metropole wie Berlin, die vor dem Ersten Weltkrieg bereits mehr als zwei Millionen Einwohner zählte und längst nicht mehr alle Unterstützungsempfängerinnen dem Stiftungsvorstand persönlich bekannt waren, führte das beinahe zwangsläufig zu Schnüffeleien in deren Privatleben.

In einem Bericht von 1912 heißt es: »Frau K. ist am 28. Mai aus dem Hause Soldinerstr. 99 heimlich gezogen mit Hinterlassung von Mietschulden. Sie steht in einem sehr üblen Rufe (lebt in wilder Ehe). Es sind zwei Kinder vorhanden, ein Knabe von 12 und ein Mädchen von 5 Jahren. Durch weitere Nachforschung erfuhr ich daß sie nach Soldinerstr. 88 gezogen sei, während ihre Mutter Wriezenerstr. 36 wohnen soll. Von den Kindern des Hauses Soldinerstr. 88, der Fleischermeisterfrau S. wurde mir vollauf bestätigt, was ich schon vorher erfahren hatte. Frau S., welche Waisenpflegerin in dem Bezirk ist, konnte mir auch sagen, daß das 5jährige Mädchen der Mutter

Verwandtschaftsnachweis mit dem Stifter

Namen hat, demnach unehelich ist. Die Kinder sagen zu dem Schlafburschen ›Vater‹. Der Schlafbursche soll ein Arbeiter Max H. sein. Seit zwei Monaten wohnt Frau K. aber schon wieder Biesenthalerstr. 10 vorn II, nachdem sie wieder wegen Nichtbezahlung der Miete und unordentlichem Lebenswandel vom Wirth gekündigt war. Die Verwalterin von Biesenthalerstr. 10 war in ihren Aussagen sehr zurückhaltend. Bis jetzt habe sie nichts mit ihr zu tun gehabt, aber sie habe eine sehr große und lose … (Mund). Nach allem was ich erfahren ist Frau K. nicht würdig unterstützt zu werden.«[125]

Eine Anhörung der Betroffenen, schon um ihrer Kinder willen, wurde offenbar nicht für nötig gehalten.

Im Etat 1913–15, in den bereits der Beginn des Ersten Weltkrieges fiel, verringerten sich die Zuwendungen auf 48.020 Mark.[126] Angesichts knapper werdender Kassen wurden während der Kriegsjahre nur 18 Verwandtenwitwen zu den Versorgungsleistungen neu zugelassen. Viele mussten abgewiesen oder vertröstet werden.

Zuwendungsnachweis

Wohnungsleerstand, ein genereller Verfall der Mieten sowie Mietnachlässe, die Familien gewährt wurden, deren Ernährer zum Kriegsdienst eingezogen waren, ließen die Einnahmen der Stiftung sinken.

In der Weimarer Republik

Das Ende des Ersten Weltkrieges und der Zusammenbruch des wilhelminischen Kaiserreiches brachten der Hauptstadt keine Atempause. Lebensmittelrationierung, sprunghaft ansteigende Arbeitslosigkeit, die im Februar 1919 die Zahl von 300.000 erreichte, und Scharen von bettelnden Kriegsinvaliden prägten das Bild und den Alltag der Kapitale.

Die Stiftung verzeichnete eine Flut von Anträgen auf Unterstützung, denen allerdings nur in wenigen Fällen entsprochen werden konnte. Häufig ergingen Bescheide wie diese: »Auf Ihr Gesuch um Zulassung zu den Wohltaten der Koepjohann'schen milden Stiftung wird Ihnen mitgeteilt, daß Sie zunächst in der Anwärterinnenliste geführt werden […] Zur Zeit besteht wenig Aussicht auf baldige Zulassung, da infolge des Krieges sich viele Bewerberinnen gemeldet haben. Auch sind die Mittel der Stiftung zur Zeit sehr beschränkt.«[127]

Hypothekenzinsen, Mietstundungen, Fluktuation in den Häusern und anhaltender Leerstand von Wohn- und Geschäftsräumen belasteten die finanzielle Situation. Allein zwischen Ende 1917 und Ende 1919 verlor man 13 Mieter; lediglich 9 rückten nach. Mieterhöhungen, um die Einnahmeverluste auszugleichen, verboten sich angesichts der Gesamtlage. Wie schwierig die Situation der Stiftung war, zeigte sich auch darin, dass mit Einverständnis des Konsistoriums 1916-20 keine Haushaltspläne mehr aufgestellt zu werden brauchten.

Dennoch kam es schon 1919 mit 9 neu aufgenommenen Verwandtenwitwen erstmals wieder zu einer nennenswerten Erweiterung des Kreises von Anspruchsberechtigten. Laut Etat 1921–23 erhielten 112 Verwandtenwitwen regelmäßige Subsidien. Fast um die Hälfte gesunken, auf 153, war demgegenüber die Zahl der unterstützten Bürgerwitwen. Insgesamt standen 40.300 Mark für Versorgungsleistungen zur Verfügung.

Geld, das noch dazu immer mehr an Wert verlor. Bereits der Beginn des Ersten Weltkrieges hatte zu inflationären Tendenzen geführt, die sich nach Kriegsende beschleunigten. Als 1921 die alliierten Siegermächte ihre Reparationsforderungen präsentierten, verschärfte sich die Krise und steuerte auf ihren Höhepunkt, die Hyperinflation, zu.

Der rapide Währungsverfall führte zu einem Verarmungsprozess, der breite Schichten und selbst den Mittelstand erfasste. Im September 1923 wurde erstmals die Milliardennote in Umlauf gebracht. Einen Monat später konnte für diese Summe gerade noch ein Vierpfundbrot gekauft werden.

»Mit dem Scheitern des Hitlerputsches am 9. November, der Einführung der Rentenmark am 15. November und dem Misserfolg der kölnischen Honoratiorenpolitiker, am Rhein einen eigenen Staat zu gründen, hatte die Krise ihren Höhepunkt überschritten. Im Dezember breitete sich das Gefühl aus, dass man das Schlimmste hinter sich habe. Langsam kehrte die Normalität wieder zurück.«[128]

Dank ihres Immobilienbesitz als wichtigster wirtschaftlicher Basis überstand die Stiftung zwar vergleichsweise glimpflich die Inflation, musste aber wegen Geldvermögensverlusten, gestiegener Grundstücksabgaben und anderer Belastungen ab 1924 Neuanträge zur Aufnahme in ihr Versorgungswerk ruhen lassen und sämtliche Unterstützungsleistungen schließlich ganz einstellen.

Als Dauerproblem, das den Etat zusätzlich belastete, erwies sich der hohe Leerstand in den Stiftungshäusern, der bei annähernd 9 Prozent lag. Von 81 vorhandenen und vor dem Krieg allesamt vermieteten Wohn- und Gewerbeeinheiten waren Ende 1924 lediglich 74 belegt.

Erst die Stabilisierung des Wirtschaftslebens, mit der auch wieder die Nachfrage nach Wohnraum wuchs, trug zur Beseitigung des Leerstands in den Stiftungshäusern bei. Ende 1925 war der Vermietungsstand der Vorkriegszeit erreicht.

Es verging indes noch einmal ein Jahr, ehe Weihnachten 1926 mit den Zuwendungszahlungen begonnen werden konnte. Sie beliefen sich zunächst nur auf die Hälfte der früheren Bezüge. 1927 gelang es, diese auf 75 Prozent anzuheben. Außerdem wurden 36 Verwandtenwitwen neu aufgenommen.

Jedoch blieb die finanzielle Situation angespannt. In den Stiftungshäusern standen Reparatur- und Renovierungsmaßnahmen an, die während der Kriegs- und Inflationsjahre zurückgestellt worden waren. Um die dafür nötigen Mittel in die Hand zu bekommen, bedurfte es höherer Einnahmen. Als erster Schritt wurde eine 10-prozentige Anhebung der Wohnungsmieten beschlossen.

Der Vorstand trug sich außerdem mit dem Gedanken, den ehemaligen Holzplatz zu verkaufen und unternahm beim Konsistorium der Mark Brandenburg einen diesbezüglichen Vorstoß. Neben Pastor Witte gehörte Ferdinand Vogel als Geistlicher dem Kuratorium an. 1912 als dritter Prediger nach Sophien gekommen, war er inzwischen ins Amt des zweiten Pfarrers aufgestiegen.

Anscheinend hatte es seit längerem informelle Verkaufsgespräche und -verhandlungen mit Interessenten gegeben, denn das Adressbuch nennt 1926 als Eigentümer des Grundstückes bereits den Baumeister Kurt Berndt. Allerdings versagte die Aufsichtsbehörde auch diesmal einem Verkauf ihre Zustimmung.

Obwohl sich die finanzielle Lage Berlins aufgrund der jahrelangen Schuldenpolitik und des Ausbruchs der Weltwirtschaftskrise seit 1929 rapide verschlechterte, gelang es der Stiftung zunächst noch, die Erträge zu steigern. Der Jahresabschluss 1931 wies Einnahmen in Höhe von 165.480,12 RM aus. Davon entfielen 150.757,65 RM auf Mieten. Für Unterstützungen wurden 39.780 RM bereitgestellt.

Schon 1932 jedoch schlug die allgemeine Krise auch auf den Stiftungshaushalt durch. Berlin verzeichnete die Rekordzahl von über 600.000 Arbeitslosen. Jeder dritte Erwerbsfähige war damit ohne Arbeit. In den Stiftungshäusern gab es erneut Fluktuation mit der Folge, dass die Mieterlöse einbrachen. Sie betrugen nur noch 130.330,87 RM. Die Mindereinnahme von rund 20.000 RM entsprach mehr als der Hälfte dessen, was man im Vorjahr an Unterstützung für Witwen und Waisen aufgebracht hatte. Höhere Zinserträge aus Bankguthaben einerseits und einschneidende Ausgabenkürzungen andererseits sorgten dafür, dass immerhin 34.600 RM an die Koepjohannitinnen ausgezahlt werden konnten.

Unterm Hakenkreuz

Der Jahresabschluss der Stiftung von 1933 wies eine Steigerung der Gesamteinnahmen auf 168.129,84 RM aus und mochte jenen Recht gegeben haben, die den Untergang der Weimarer Republik und die Bemächtigung des Staates durch die Nationalsozialisten begrüßt hatten. Es schien in der Tat aufwärts zu gehen. Allerdings verdankte sich die positive Bilanz allein der günstigen Zinsentwicklung bei den Geldanlagen. Die Mieteinkünfte waren dagegen nochmals gesunken und beliefen sich auf 128.922,66 RM. Bei weiterhin steigenden Ausgaben stand für die Versorgungsleistungen nur noch eine Summe von 33.970 RM zu Verfügung.

Einer der langjährigen jüdischen Mieter, der Veterinärmediziner Dr. Leopold Blum, hatte sich angesichts der düsteren politischen Aussichten offenbar schon Ende 1932 zur Emigration aus Deutschland entschlossen und seine Tierklinik auf dem Stiftungsgrundstück Albrechtstraße 9/10 wie auch seine Wohnung in der Albrechtstraße 16 aufgegeben. Die Praxisräume ließen sich wohl nicht sofort und nicht mehr zu dem gleichen Preis vermieten, was einen Teil der Einbußen erklärt.

Und die Talfahrt setzte sich fort. 1934 gingen die Gesamteinnahmen auf 143.563,88 RM, die Mieterlöse auf 125.220,46 RM zurück. Die Unterstützungszahlungen blieben zwar mit 33.650 RM gegenüber dem Vorjahr weitgehend stabil, konnten aber nicht verbergen, dass das Geld im Stiftungshaushalt immer knapper wurde.

Bereits vor dem Ersten Weltkrieg war in der Albrechtstraße 14 das Hypotheken- und spätere Bankgeschäft Friedländer & Blumenreich ansässig gewesen. Die von den Nationalsozialisten initiierte Verdrängung der jüdischen Bevölkerung aus dem Wirtschaftsleben führte 1933 auch hier zur Geschäftsschließung. Im Interesse der Stiftung, die ihre zahlungskräftigen Mieter verlor, lag das nicht. Immerhin behielt Leo Friedländer seine Wohnung im Haus, firmierte aber zunächst nur noch als Kaufmann, ehe er ab 1935 im Berliner Adressbuch wieder als Hypothekenvermittler aufgeführt wird.

Anhaltspunkte dafür, dass Mieter wegen ihrer jüdischen Herkunft durch das Kuratorium oder die Hausverwaltung Benachteiligungen erfuhren, gibt es nicht. Im Gegenteil wurden ihnen, wie anderen finanziell in Bedrängnis geratenen Bewohnern auch, Mietnachlässe gewährt, so dem Fabrikanten Felix Goldschmidt, dem Mediziner Dr. Alfred Schindler und dessen Mutter Rose Schindler oder dem Kaufmann Joseph Weichselbaum.

Die Gleichbehandlung jüdischer und nichtjüdischer Mieter war keine Selbstverständlichkeit, doch spielten dabei durchaus handfeste wirtschaftliche Überlegungen eine Rolle, wie eine Entscheidungsvorlage des Verwalters Heinrich Paucke an die

Administration deutlich macht: »Joseph Weichselbaum ist Mieter einer Sieben-Zimmerwohnung. Die Miete ist ihm bereits auf RM 180,-- monatlich ermässigt worden. Mieter hat seine Wohnung vom 1. Oktober 33 gekündigt, ist aber bereit wohnen zu bleiben, wenn ihm ein Kohlenzuschuss zur Heizung der Wohnung gewährt wird. Die Friedensmiete für die Wohnung betrug RM 216,68. Mieter wohnt somit bereits weit unter Friedensmiete. Da diese großen Wohnungen ohne Komfort, d. h. ohne Zentralheizung und Warmwasserversorgung sehr schwer zu vermieten sind, empfehle ich, um die Wohnung nicht leer zu bekommen, W. für die Wintermonate einen Nachlass von RM 15,-- je Monat zu gewähren.«[129] 1934 wurden mit dem Kaufmann Samuel Loebenstein und dessen Familie sogar neue jüdische Mieter aufgenommen.

Die liberale Praxis war nicht zuletzt Ausdruck des politischen Kräfteverhältnisses innerhalb der Sophiengemeinde, in der noch eine Zeitlang der Einfluss der völkisch orientierten und den Nazis nahe stehenden »Deutschen Christen« zurückgedrängt werden konnte. Alle drei Pfarrer, Ferdinand Vogel, Paul Gerlach und Paul Fahland, gehörten der Gegenbewegung »Evangelium und Kirche« an. Vogel und Gerlach traten außerdem der »Bekennenden Kirche« bei.

Das war umso bemerkenswerter, als die Sophienkirche durchaus im Blick der Öffentlichkeit stand. Zur Prominenz der Gemeinde zählte Edwin Bechstein. Der Erbe und Mitinhaber der weltbekannten Pianofortefabrik Carl Bechstein AG gehörte zusammen mit seiner Frau Helene schon seit den frühen 1920er Jahren zu den Förderern Hitlers. Als er 1934 starb, nahm neben Innenminister Frick und anderen Nazigrößen auch Hitler selbst an der Beisetzung auf dem Sophienfriedhof an der Bergstraße teil.

Vermutlich um sein Amt als Konsistorialrat nicht zu verlieren, schloss sich Pfarrer Fahland später den »Deutschen Christen« an. Die politischen Gewichte verschoben sich zu Ungunsten der liberalen Kräfte. Und obwohl innergemeindliche Versuche scheiterten, Vogel als ersten Prediger abzulösen, nahm der Druck von innen und außen zu. Mehrfach wurde Vogel bei der Staatspolizei einbestellt.

Insbesondere ihm und Pfarrer Gerlach scheint es zu verdanken gewesen sein, dass den noch verbliebenen jüdischen Bewohnern Martin Bondi, Leo Friedländer, Felix Goldschmidt, Edda Posen, Dr. Alfred Schindler und Joseph Weichselbaum, die in der Mehrzahl bereits vor dem Ersten Weltkrieg hier ansässig gewesen waren (im Fall Dr. Schindlers schon dessen Eltern), nicht gekündigt wurde. Nach 1935 nahm ihre Zahl jedoch beständig ab; neue jüdische Mieter rückten nicht nach. Offen bleiben muss, ob es an den relativ teuren Wohnungen lag, die sich der wirtschaftlich zunehmend ausgegrenzte jüdische Mittelstand nicht mehr leisten konnte oder ob von diesem Zeitpunkt an generell keine Juden mehr in den Stiftungshäusern aufgenommen wurden.

Pfarrer Vogel

Die jüdischen Altmieter versuchte man aber nach Möglichkeit zu halten. So vermerkt das Protokoll der Kuratoriumssitzung vom 7. Oktober 1935, »dem Mieter Jos. Weichselbaum wird die Kohlenbeihilfe von RM 12,50 im Monat für seine 7 Z. Wohnung [...] unter der Voraussetzung, dass er seine Wohnung zum 1. 4. 36 nicht kündigt, genehmigt.«[130]

Dr. Schindler, dem die Kassenpatienten entzogen worden waren, hatte seine Wohnung wie auch die seiner Mutter einige Wochen zuvor »zur sofortigen anderweitigen Vermietung zur Verfügung« gestellt. »Dr. Sch. ist«, wie Verwalter Paucke nicht ohne Anteilnahme gegenüber dem Vorstand erklärte, »mit den Nerven vollkommen zusammengebrochen und befindet sich in einem Sanatorium.«[131] Er und Schindler kannten sich seit Jugendtagen.

Dennoch bleibt Heinrich Pauckes Rolle zwiespältig. Für eine NSDAP-Mitgliedschaft[132] gibt es zwar keinen Beleg, aber sogar Antwortschreiben an bedürftige Witwen, die bei der Stiftung um Unterstützung nachsuchten, pflegte er mit dem Hitlergruß zu unterzeichnen, während die Antragstellerinnen selbst und die die Gesuche befürwortenden Pastoren meist den weniger verfänglicheren »deutschen Gruß« vorzogen.

Als qua Gesetz vom 30. April 1939 mit der Vertreibung der Juden aus ihren Wohnungen und der Zwangsunterbringung in so genannten »Judenwohnungen« und »Judenhäusern« begonnen wurde, musste 1940, als letzter jüdischer Mieter, auch Leo Friedländer die Stiftungshäuser verlassen. Paucke als Protokollführer vermerkte ungerührt die »uneinbringlichen Mietreste«, die »auszubuchen« seien.[133]

Nach der Olympiade 1936 räumte die britische »Daily Mail« ihre Berliner Redaktionsräume in der Albrechtstraße 15, die sie seit 1929 innegehabt hatte – ein weiterer finanzieller Schlag für die Stiftung. Die Jahresbilanz bildete den vorläufigen Tiefpunkt. Die Gesamteinnahmen waren auf 127.041,08 RM geschrumpft, die Mieten auf 122.006,45 RM. Die Zinserträge aus den Bankguthaben hatten sich um fast zwei Drittel reduziert. Wiederum nur durch Kürzungen auf der Ausgabenseite gelang es, Versorgungszahlungen in Höhe von 33.750 RM bereit zu stellen. Als Jahresüberschuss, der 1930 noch 6.880,65 RM betragen hatte, konnten lediglich 770,95 RM verzeichnet werden.

Von 1937 liegt die letzte Jahresbilanz der Stiftung aus der NS-Zeit vor. Danach waren die Gesamteinnahmen erstmals wieder gestiegen, ohne aber auch nur das Niveau des Krisenjahres 1932 zu erreichen. Sie beliefen sich aufgrund verbesserter Zinseinkünfte auf 144.683,04 RM. Die Erlöse aus den Mieten hatten sich dagegen nur geringfügig auf 123.692,72 RM erhöht. Für wohltätige Zwecke wurden 34.750 RM aufgewendet, 420 RM mehr als im Vorjahr. Nach Abzug aller Kosten stand unterm Strich ein Jahresüberschuss von 388,40 RM.

Auch unter dem Nazi-Regime blieb die Zahl derer hoch, die auf wohltätige Hilfe angewiesen waren. Die von großem Propagandaaufwand begleiteten Arbeitsbeschaffungsmaßnahmen, oft schon der Kriegsvorbereitung dienend, verbesserten zwar die soziale Situation von Teilen der arbeitenden Bevölkerung, nicht aber die von Witwen und Waisen. Zwischen 1934 und 1939 wurden im Durchschnitt jährlich 10 Verwandtenwitwen als Leistungsempfängerinnen neu ins Versorgungswerk der Stiftung aufgenommen. Ähnlich dürfte es sich bei Neuaufnahmen von Bürgerwitwen aus der Spandauer Vorstadt verhalten haben. Die ausgeschütteten Summen verteilten sich 1939 wie folgt:

»Verwandtschaft	=	28.250 [RM]
Bürgerwitwen u. -waisen		6.310
Davon:		
Sophiengemeinde	=	4.860
Johannes-Evangelist	=	500
Philippus-Apostel	=	950
SUMME		34.560 M
Holzgelder	=	0
Begräbnisbeihilfen	=	270
Einmalige Sonderbeihilfen	=	300
GESAMT		35.130«[134]

Ende 1939 ging Pfarrer Vogel in den Ruhestand. An seine Stelle trat der Biesdorfer Geistliche Otto Hitzer, ein überzeugter Nazi. Die Sophiengemeinde und mithin die Stiftung waren damit praktisch gleichgeschaltet.

Der Zweite Weltkrieg vervielfachte die Anträge auf Aufnahme in das Versorgungswerk der Stiftung. 1940 wurden 12 Verwandtenwitwen neu aufgenommen. Jedoch erhielten, nachdem der von Nazi-Deutschland vom Zaun gebrochene Krieg sich gegen seine Urheber zu wenden begann, mehr und mehr Antragstellerinnen abschlägige Bescheide oder allenfalls einmalige Zuwendungen: »Auf Ihren wiederholten Antrag durch Ihren Herrn Bruder v. 12. 11. 42 um Zulassung zu den Wohltaten aus der Koepjohann'schen Stiftung teile ich Ihnen mit, dass die Herren Administratoren in der Sitzung v. 8. 3. 43 beschlossen haben, Ihnen in Anbetracht Ihrer wirtschaftlichen Notlage eine einmalige Unterstützung in Höhe von RM 50,-- (fünfzig) zukommen zu lassen […] Auch wird es Ihnen nicht unbekannt geblieben sein, dass wir durch den Fliegerangriff in der Nacht v. 1. zum 2. 3. 43 einen sehr grossen Bombenschaden erlitten haben, der erhebliche Ausfälle an Mieten zur Folge haben wird. Der Schaden ist z. Zt. noch nicht zu übersehen.«[135]

In den Jahren von 1943 bis kurz vor Kriegsende und dem Zusammenbruch des NS-Regimes konnte deshalb nur insgesamt 15 Verwandtenwitwen der Status als

Kriegsbeschädigtes Haus Albrechtstraße 13, 1970er Jahre

Koepjohannitin zuerkannt werden, der letzten Witwe im März 1945. Auf der Kuratoriumssitzung am 18. Januar 1945 wurde der Kassenbericht des Vorjahres abgenommen. Die Einnahmen beliefen sich auf rund 154.000 RM, die Ausgaben auf rund 110.000 RM. Der Bestandsvortrag für das laufende Jahr betrug knapp 53.000 RM. Für den erkrankten Rendant und Verwalter Paucke wurde als Vertretung Margarete Sennlaub aus Wilmersdorf bestellt. Eine am 11. April durchgeführte Kassenprüfung durch Pfarrer Gerlach ergab einen Bestand von ca. 51.000 RM. Darüber hinaus besaß die Stiftung Wertpapiere in Höhe von rund 44.500 RM.[136]

Aus einer Aufstellung, die ebenfalls im April 1945 angefertigt wurde, geht hervor, dass es aus der Koepjohann'schen Verwandtschaft zuletzt 133 Unterstützungsempfängerinnen gegeben hatte, von denen zu diesem Zeitpunkt 20 bereits verstorben waren. Von 7 Frauen konnte der Aufenthalt in den letzten Kriegswochen nicht mehr ermittelt werden.[137]

Noch im Mai kam Pfarrer Paul Gerlach unter bis heute ungeklärten Umständen ums Leben; der zweite Geistliche im Stiftungsvorstand, Konsistorialrat Paul Fahland, starb am 19. Juni an den Folgen einer Granatsplitterverletzung aus den letzten Kriegstagen. Die Stiftung war nicht mehr arbeitsfähig. Bereits im April hatte man sämtliche Unterstützungszahlungen einstellen müssen. Lediglich die Verwaltung nahm noch ihre Aufgaben wahr.

Am Ende des »Tausendjährigen Reiches« – Berlin kapitulierte am 1. Mai 1945 – lag die Stadt in Trümmern. Über die Hälfte der Wohnungen im Innenstadtbereich war zerstört. Auch die Stiftungshäuser hatten erhebliche Schäden davongetragen. Von den Alliierten wurden die Konten und Bankguthaben der Stiftung eingefroren. Ob diese je wieder ihre Arbeit würde aufnehmen können, um im Sinne Johann Friedrich Koepjohanns zu wirken, stand in den Sternen.

Der Neuanfang

Die Pfarrstellen an der Sophienkirche konnten zunächst nicht besetzt werden. Pfarrer Hugo Krause, kurz vor Kriegsende gekommen, war abberufen worden und musste sich neben dem Friedhofsverwalter (Sophien hatte wie viele andere Gemeinden auch Zwangsarbeiter auf den Friedhöfen beschäftigt) als einziger Gemeindeverantwortlicher einem Kammerspruchprozess unterziehen. Über das Ergebnis seiner Entnazifizierung liegen keine Unterlagen vor; er nahm jedoch sein Amt bald wieder auf.

Vorerst waren den Laienkuratoren, Büttner und Dr. Richter, aber die Hände gebunden. Ohne Geistliche in der Stiftung ruhte die Arbeit. Nur die Verwaltung funktionierte. Sie stellte sich und ihren Mitarbeitern im Juli 1945 denn auch sogleich Arbeitsbescheinigungen aus, um für die Zuteilung von Lebensmittelkarten berücksichtigt zu werden.

Wegen seines sich verschlechternden Gesundheitszustandes beauftragte Verwalter Paucke im August einen entfernten Verwandten, Werner Kohlmey, mit der vorläufigen Wahrnehmung der Geschäfte. Noch im selben Monat wurden vom Postscheckamt Berlin die Konten der Stiftung freigegeben.

Im November starb Heinrich Paucke und wenig später der Laienadministrator Dr. Richter. Kommissarisch führte Werner Kohlmey die Verwaltung weiter.

Im 4. Quartal 1945 verzeichnete die Stiftung Einnahmen von rund 17.000 RM. Die Ausgaben betrugen etwa 9.000 RM. Damit konnten lediglich 8.000 RM für die dringend erforderlichen Reparaturen der kriegsbeschädigten Häuser bereitgestellt werden. An eine Wiederaufnahme der Unterstützungszahlungen war vorerst nicht zu denken.

Im März 1946 trat Rudolf Kehr, ein Schwiegersohn des unbelasteten Ferdinand Vogel, das Pfarramt in der Sophienkirche an. Er berief mit dem Fuhrunternehmer Albert Kraaz und dem Studienrat Harry Schimmel zwei neue Laien in den Vorstand der Stiftung. Büttner schied aus gesundheitlichen Gründen auf eigenen Wunsch aus.

Zuvor hatte das Wohnungsamt eine Wohnung in der Albrechtstraße 16 beschlagnahmt, ohne weder die Verwaltung in Kenntnis zu setzen noch Miete zu zahlen. Der Protest wie auch die Forderung seitens der Stiftung, den Mietausfall zu erstatten, lief ins Leere und gab einen Vorgeschmack darauf, was von den kommunalen und staatlichen Stellen in der sowjetischen Besatzungszone künftig erwartet werden durfte.

Am 26. Juni, gut ein Jahr nach dem Ende des Zweiten Weltkrieges, fand erstmals wieder eine Kuratoriumssitzung statt. Auf der Tagesordnung standen die Rechenschaftslegung Kohlmeys und ein Antrag von Gertrud Paucke auf regelmäßige Unterstützung. Da sich die Stiftung aber generell außerstande sah, Zuwendungen zu gewähren, wurde der Antrag abgelehnt und stattdessen beschlossen, der Witwe des früheren Verwalters eine Anstellung anzubieten.

Weiterhin verständigte man sich darauf, Kohlmey als neuen Rechnungsführer und Verwalter zu bestallen. Der gelernte Kaufmann, zuletzt in der Versicherungsbranche tätig, verfügte über ausreichende Qualifikation und hatte sich inzwischen ohne Beanstandungen in das für ihn neue Metier eingearbeitet.

Auf der Vorstandsitzung im Juli wurde der Beschluss gefasst, einer besonders bedürftigen Witwe, die seit 1943 empfangsberechtigt war, eine laufende monatliche Beihilfe von 20,- RM zu gewähren. Sie sollte für längere Zeit die einzige Unterstützte bleiben.

Am 1. August wurde der Vertrag mit Kohlmey besiegelt, der sich jedoch ausbedungen hatte, als Selbständiger für die Stiftung tätig zu werden. Offen bleibt, ob er sich nur seine berufliche Unabhängigkeit bewahren wollte oder befürchtete, in einer Leitungsfunktion in den Focus der Entnazifizierungsbehörden zu geraten. Eine NSDAP-Mitgliedschaft ist aber auch in seinem Fall nicht belegt.[138]

Ob in der Administration überhaupt Fragen nach der politischen Vergangenheit der Bewerber gestellt wurden, entzieht sich der Beantwortung. Angesichts des Mangels an qualifizierten Arbeitskräften dürfte man freilich nicht allzu tief in den Biografien geschürft haben.

Im September suchte die Stiftung um ein Darlehen in Höhe von 10.000 RM bei der Sparkasse der Stadt Berlin nach, um mit der Instandsetzung der Häuser beginnen zu können. Viel Zeit beanspruchten Anträge, die aufgrund der Versorgungslage für alles und jedes gestellt werden mussten, von der Kohlenzuteilung für das Büro der Verwaltung bis hin zu Tabakwaren für die Mitarbeiter.

Mit der neuerlichen Amtseinführung von Pfarrer Hugo Krause am 1. Dezember, der zugleich als zweiter Geistlicher ins Kuratorium eintrat, war die Stiftungsleitung ab Dezember 1946 wieder in vollem Umfang arbeitsfähig. Die Jahresrechnung ergab Einnahmen von 100.900 RM, denen Ausgaben von 100.300 RM gegenüber standen. Ein Großteil davon war für die Beseitigung der gröbsten Schäden an den Häusern verwendet worden. Wegen des geringen Überschusses von 600 RM musste jedoch die zum 1. April 1947 geplante Wiederaufnahme der Unterstützungszahlungen fallen gelassen werden.

Alle Energie galt der Wiederherstellung der Stiftungshäuser. Fehlendes Baumaterial, das noch dazu von geringer Qualität war und oft schon nach kurzer Zeit neue Reparaturen erforderte, erschwerte die Bemühungen. Größte Sorgen bereiteten die Dächer der Häuser Albrechtstraße 14, 15 und 16, die erst im Vorjahr notdürftig instand gesetzt worden waren und abermals der Ausbesserungen harrten. Die Keller des Hauses Schiffbauerdamm 8 standen zudem komplett unter Wasser.

Zusätzliche Probleme verursachte die Überbelegung der Wohnungen durch Flüchtlinge und Ausgebombte. Hausinstallationen oder Sanitäranlagen waren dadurch einem schnelleren Verschleiß unterworfen. »Früher waren diese Wohnungen von wenigen Leuten bewohnt, heute wohnt fast in jedem Zimmer eine Familie.«[139]

Ende des Jahres konnten ca. 114.00 RM als Einnahmen verbucht werden. Die Ausgaben betrugen rund 112.500 RM, von denen der Löwenanteil abermals für Instandsetzungen und Materialeinkäufe – teilweise für teures Geld auf dem Schwarzmarkt – aufgewendet worden war. Durch wieder hergestellte Räume hatten sich die Mieterlöse von 83.000 RM (im Vorjahr) auf etwa 88.000 RM erhöht. Dennoch blieb der Reparatur- und Sanierungsbedarf immens, sodass der Stiftungsvorstand nicht umhin kam, eine Hypothek von 25.000 RM auf das Grundstück Albrechtstraße 9/10 aufzunehmen.

Mit Rücksicht auf die angespannte Finanzlage verzichtete Pfarrer Krause im März 1948 auf die Hälfte seiner Bezüge aus der Stiftungskasse. Der geschäftsführende Pfarrer Kehr begnügte sich mit einer zuvor geleisteten Abschlagszahlung.

Keine Entlastung erbrachte die in der sowjetischen Besatzungszone und im Ostsektor Berlins ab dem 24. Juni durchgeführte Währungsreform. Sie war als Reaktion auf die vier Tage zuvor in Westdeutschland wirksam gewordene Währungsumstellung erfolgt. Bei dem Umtausch in »Mark der Deutschen Notenbank« (DM) erlitt die Stiftung im Gegenteil einen Verlust von rund 6.283 DM.[140]

Trotz schlechter Finanzlage vereinbarte man, »die kürzlich ermittelten Empfangsberechtigten Nachkommen der Koepjohannschen Familie zur Wiederaufnahme der

Stiftungszahlungen zusammen zu bitten. Es soll ihnen nach Möglichkeit eine bescheidene Bewirtung und DM. 10,- pro Person geboten werden, wobei an einen Gesamtbetrag von etwa DM 1.000,- gedacht ist.«[141]

Im Dezember, mehr als drei Jahre nach dem Ende der NS-Diktatur, fand erstmals wieder eine Adventsfeier für die Koepjohannitinnen statt.

Die Jahresbilanz stellte sich hingegen weniger günstig dar. Die Einnahmen waren auf rund 93.700 DM gesunken. Die Ausgaben beliefen sich auf etwa 89.100 DM, von denen nur ca. 20.000 DM in größere Bauvorhaben investiert werden konnten. Im Vorjahr hatte die Summe noch rund 50.000 DM betragen.

Aus der Aufstellung der Vermögenswerte am 31. Juli 1949 geht hervor, dass sich die Aktiva aus Immobilien und Umlaufvermögen auf 717.700 DM bezifferten, während die Passiva, bestehend aus Hypotheken, Darlehen, Schulden und geschätzten Kosten für zu beseitigende Gebäudeschäden, auf 425.650 DM angewachsen waren.

Der enge Finanzrahmen, dazu ständige Anträge auf Arbeitskräfte, Baustoffe und Materialien (wobei die Bewilligung aber noch keineswegs deren Zuweisung garantierte) behinderten die Arbeit der Verwaltung und Stiftungsleitung in hohem Maße.

Die frühen Jahre in der DDR

Die Gründung der DDR am 7. Oktober 1949, durch die Berlin, wenngleich nur im sowjetisch besetzten Teil Deutschlands, wieder Hauptstadtfunktion erhielt, ist in den Stiftungsunterlagen nirgendwo Gegenstand der Erörterung. Der Graben zwischen Ost und West hatte sich ohnehin immer mehr vertieft, zuletzt durch die von den Sowjets am 24. Juni 1948 verhängte und fast ein Jahr lang aufrechterhaltene Blockade sämtlicher Land- und Wasserwege von und nach Westberlin. Am 23. Mai 1949 war bereits das Grundgesetz in dem von den Westalliierten besetzten Teil Deutschlands in Kraft getreten. Am 22. September erfolgte der Amtsantritt Konrad Adenauers als Kanzler der Bundesrepublik. Eine Antwort des Ostens musste erwartet werden.

Den Stiftungsalltag bestimmten jedoch ganz andere Themen. Ging es jenseits des eisernen Vorhangs, befördert durch den Marshall-Plan, bald spürbar aufwärts, mangelte es diesseits noch immer am Nötigsten. Neben den planwirtschaftlichen Vorgaben, die einem Aufschwung im Wege standen, musste die Demontage von Industrieanlagen und -betrieben verkraftet werden, an der die Sowjetunion im Rahmen der Reparationsforderungen noch bis 1953 festhielt.

Trotz der Widrigkeiten gelang es der Stiftung 1949 in einem zweiten Bauabschnitt das Dach des Hauses Albrechtstraße 14 fertig zu stellen. Die Jahresrechnung wies Einnahmen von rund 107.810 DM und Ausgaben von ca. 104.145 DM aus, inklusive der Unterstützungszahlungen an die Koepjohannitinnen in Höhe von 1.467 DM.

Nachdem im Februar 1950 seitens des Magistrats Verwunderung über den geringen Betrag ausgedrückt worden war, den das Kuratorium für Zuwendungen an Bedürftige bereitstellte, überprüfte das Hauptfinanzamt für Körperschaften vier Monate später die Gemeinnützigkeit der Stiftung. Unregelmäßigkeiten im Finanzgebaren konnten nicht nachgewiesen werden, doch stellte die Behörde auf Grundlage der Gemeinnützigkeitsverordnung vom 16. Dezember 1941 fest, dass im Stiftungstestament keine Angaben darüber gemacht würden, »zu welchem Zweck das Stiftungsvermögen bei Auflösung oder Aufhebung der Stiftung oder bei Wegfall ihres bisherigen Zwecks zu verwenden ist«.[142]

Der Vorstand wurde aufgefordert, innerhalb einer Frist von zwei Wochen diese »zwingend vorgeschriebene« Bestimmung (auf der nicht einmal die NS-Behörden bestanden hatten) in die Satzung aufzunehmen. Das durfte als Schikane, wenn nicht gar als Generalangriff auf die Stiftung angesehen werden.

Rasches Handeln war geboten. Das Kuratorium ließ dem Finanzamt in einem Schreiben vom 5. Juni mitteilen: »Wie Sie aus dem Testament und dem Reglement gesehen haben, werden die Überschüsse aus unserem Vermögen zu Gunsten der bedürftigen Nachkommen des Gründers der Stiftung und zu Gunsten der bedürftigen Witwen und Waisen der Spandauer Vorstadt verwendet. Ein Verwendungszweck im Falle einer Auflösung der Stiftung oder bei Wegfall ihres bisherigen Zwecks ist weder vom Testator noch vom Verfasser des Reglements vorgesehen, weil es ja nach menschlichem Ermessen ganz ausgeschlossen ist, dass es jemals keine Empfangsbedürftigen und Empfangsberechtigten aus der Stiftung geben sollte. Selbst wenn die gesamte Nachkommenschaft des Koepjohann aussterben sollte, so bleiben immer noch die Bewohner der ehemaligen Spandauer Vorstadt, das ist ein Teil des jetzigen Bezirks Mitte. Für den Fall, dass dieser Bezirk Mitte keine Einwohner mehr haben sollte, dürfte auch ein Vermögen der Stiftung nicht mehr vorhanden sein.«[143]

Trotzdem stand die Aberkennung der Gemeinnützigkeit zu befürchten. Auf seiner Sitzung am 7. Juli beschloss der Vorstand deshalb, die geforderte Änderung in die Satzung aufzunehmen. Festgelegt wurde für den Fall einer Auflösung oder Aufhebung der Stiftung, das Vermögen kirchlichen oder städtischen Altersheimen zuzusprechen.

Nicht nur die bürokratischen Hemmnisse, denen sich die Stiftung gegenübersah, nahmen zu, sondern auch die finanziellen Schwierigkeiten. Eine neue Hypothek musste beantragt werden, um die Zinsen aus früheren Darlehen zu tilgen. Als das

Evangelische Konsistorium Berlin-Brandenburg schließlich sein Einverständnis für die erneute Schuldenaufnahme signalisierte, waren die Hypothekenzinsen gestiegen. Genehmigte Bauvorhaben wiederum verzögerten sich infolge von Materialengpässen oder fehlenden Handwerkern und trieben die Kosten in die Höhe.

Ein Problemgemenge, das der Stiftung in den 1950er Jahren (und z. T. die gesamte DDR-Zeit hindurch) erhalten blieb. Die Bilanzen veränderten sich kaum. Größere Überschusse konnten nicht erwirtschaftet werden. Stattdessen mussten Mietrückstände, so vom »Entwurfsbüro für Stalinstadt«, und alsbald auch Mietausfälle verkraftet werden durch Bewohner, die in den Westen gingen.

Die beschränkten finanziellen Mittel engten den Handlungsspielraum ein und führten nicht zuletzt zu Unstimmigkeiten im Kuratorium. Mit Blick auf die desolate Situation empfand Laienadministrator Schimmel die Jahreshonorare der Pfarrer in Höhe von je 500 DM als unangemessen. Da er mit seiner Kritik nicht durchdrang, legte er 1952 sein Amt nieder. Seine Stelle nahm Schmiedemeister Otto Reinke ein.

Immerhin konnten zur Adventsfeier 1951 neben den Witwen aus der Koepjohannschen Verwandtschaft erstmals auch wieder 9 bedürftige Frauen aus den drei Gemeinden Sophien, Philippus-Apostel und Johannes-Evangelist eingeladen werden. Die Zuwendung pro Person betrug 15 DM.

Ohne dass sich die Finanzlage entscheidend verbesserte, wurde in den folgenden Jahren die Summe in kleinen Schritten angehoben und ebenso der Kreis unterstützter Gemeindeglieder erweitert. 1960 erhielten 75 Verwandtenwitwen und 20 Frauen aus den drei Gemeinden eine jährliche Beihilfe von je 50 DM.

Eine Modernisierung der Stiftungssatzung, die den veränderten wirtschaftlichen und sozialen Gegebenheiten Rechnung trug, wurde für nötig erachtet und Verwalter Kohlmey mit der Ausarbeitung beauftragt.

Unterdessen gingen, aufgrund der mannigfachen baulichen Mängel und Provisorien in den Stiftungshäusern, zusehends die Mieter auf die Barrikaden. Wie fast überall in der DDR, so auch hier, entstanden Hausgemeinschaften, die sich der lebhaften Anteilnahme durch den Staat erfreuten. Immer mehr zur Zielscheibe des gelenkten, nichtsdestoweniger berechtigten Zorns wurde der Verwalter.

Im November 1954 erinnerte die Hausgemeinschaftsleitung (HGL) Albrechtstraße 16 an eine vor fünf Monaten abgehaltene Versammlung, auf der Kohlmey die »Behebung dringendster Schäden« versprochen hatte. Es seien aber nur kleine Reparaturen durchgeführt worden und diese nur in mangelhafter Qualität. Als in der Tat unzumutbar angesehen werden musste, »dass die Toilettenanlagen beim geringsten Frost unbenutzbar waren und nur die günstige Nähe des Bahnhofs Friedrichstraße einen Ausgleich schaffte, jedoch gegen Zahlung von jeweils 10 Pf«.[144]

Bei der Neubesetzung der ein Jahr lang vakanten Hauswartstelle, für die seitens der Stiftung kein Ehepaar, sondern eine allein stehende Frau vorgesehen war, eskalierte 1955 der Streit: Die Mietergemeinschaft aus der Albrechtstraße 15 schrieb: »Dass wir weiter Hausarbeiten machen, kann nicht verlangt werden, und dass wir bei einer alleinstehenden Frau weiter mitarbeiten müssen, ist uns klar. […] Dieses Haus will einen wachsamen, sauberen, anständigen Hauswart haben und keinen Günstling von Herrn Kohlmey oder gar einen Schmarotzer.«[145]

Der Stiftungsvorstand stellte sich hinter seinen Verwalter und berief sich auf sein Recht, über Stellenbesetzungen selbst zu entscheiden. Dennoch kam man der HGL entgegen und erteilte einem Hauswartehepaar den Zuschlag, das schon aushilfsweise hier tätig gewesen war und sich nach Ansicht der Mieter bewährt hatte.

Ende Juni wurde eine Versammlung anberaumt, auf der die baulichen Unzulänglichkeiten zur Sprache kommen und beide Seiten Gelegenheit erhalten sollten, die Situation aus ihrer Sicht darzustellen. Die Einladung in den Kulturraum des Hotels Albrechtstraße 17 erging durch die »HO-Gaststätten Berlin Mitte 2«, den Patenbetrieb der Hausgemeinschaft und stand unter dem Thema: »Die Warschauer Konferenz sichert den Frieden. Anschließend Aussprache über Hausangelegenheiten«.

Als Vertreter der Stiftung nahm Verwalter Kohlmey teil, der die Mieter ausdrücklich für ihren Einsatz um den Erhalt des Hauses lobte. Den bei früherer Gelegenheit von ihm verwendeten Ausdruck »Pöbel« nahm er in aller Form zurück. Beschwerden über die baulichen Mängel, so den Zustand der Wohnungen im 3. Stock, deren Decken noch immer behelfsmäßig mit Pappe verkleidet waren, vermochte er allerdings nur mit dem wiederholten Hinweis auf das fehlende Geld zu begegnen.

Ebenfalls anwesend war der Vorsitzende des »Wirkungsbereichs 6 der Nationalen Front des Demokratischen Deutschlands«, der, ohne selbst Lösungsansätze aufzeigen zu wollen oder zu können, mit drohendem Unterton darauf bestand: »dass es Aufgabe der Hausverwaltung ist, die Häuser wertmäßig zu erhalten und das Nationalvermögen nicht zu vermindern. […] Zustände, wie sie von den Mietern geschildert wurden, können heute nicht mehr geduldet werden. Sollte keine Abhilfe geschaffen werden, wird das durch entsprechende Auflagen erzwungen werden.«[146]

Dass die Mangelwirtschaft im »Arbeiter- und Bauernstaat« Hauptursache für die Misere war, stand selbstredend nicht zur Debatte.

Gleichwohl scheinen Kohlmey die Aufgaben immer mehr über den Kopf gewachsen zu sein. Vor allem an seinem Umgang mit den Mietern entzündete sich die Kritik. Zwei Jahre später schied er als Rendant und Verwalter der Stiftung aus. Für ihn übernahm Gertrud Lindemann die Rechnungsführung. Sie wurde zudem mit einer Vollmacht ausgestattet, um die laufenden Verwaltungsgeschäfte erledigen zu können.

Mochte sich auch der Ton zwischen Verwaltung und Mieter geändert haben, die Nöte blieben dieselben, wie der Jahresbericht von 1959 zeigt: »So war die geplante Betonierung des Hofes Albrechtstr. 9–10 nicht möglich, weil der erforderliche Zement dafür nicht zur Verfügung stand. Der geplante Fensterrahmenanstrich für die Häuser Albrechtstr. 15 und 16 scheiterte an der Überlastung des Handwerksmeisters. Die erforderliche Verkittung hatten wir bereits ausführen lassen. Die im September 1958 beschlossene Herstellung des Daches Albrechtstr. 16 rechter Stfl. mit Vinidurrinnen und Abfallrohren mussten wir fallen lassen, weil wir kein Vinidur erhalten konnten. Auch der Ausbau der Wohnung Albrechtstr. 15, 3 Trp. konnte nicht ausgeführt werden, weil die Kreditbewilligung für 1959 nicht möglich war.«[147]

Das Geschäftsjahr 1960 begann mit einem Wechsel im Kuratorium. Anstelle des verstorbenen Schmiedemeisters Reinke rückte der Verwaltungsangestellte Otto Reif nach. Es blieb nicht die einzige Veränderung an der Spitze der Stiftung. Wegen seiner Übersiedlung nach Westberlin schied der Kaufmann Wilhelm Günther aus, der 1954 den Fuhrunternehmer Kraaz ersetzt und seither dem Stiftungsvorstand angehört hatte. Nachfolger wurde der Tischlermeister Erich Lichterfeldt. Durch »Verzug nach Westberlin« verlor das Gremium einen Monat später auch den erst im Frühjahr gewählten Otto Reif. An dessen Stelle trat Paul Schlese, ein kirchlicher Verwaltungsangestellter.

Der entstandenen Unruhe geschuldet, konnten im Kuratorium nur wenige Angelegenheiten behandelt werden. Im September beriet der Vorstand über eine Anfrage der Schauspielerin Barbara Brecht, Mieterin im Haus Schiffbauerdamm 8, die den Ausbau einer Wohnung auf eigene Kosten anbot und wünschte, diese anschließend aber für sich allein zu nutzen.

Die Verwalterin wurde beauftragt, die Sache zu prüfen und mit den beiden anderen Mietern in der Wohnung zu sprechen. Die Tochter Helene Weigels und Bertolt Brechts zog den Antrag jedoch später zurück. Im selben Haus wohnte und praktizierte außerdem Dr. Tsouloukidse, der als Arzt für das Berliner Ensemble fungierte. Er informierte die Theaterleitung im August 1956 als erster über Brechts Herzinfarkt.

Auch eine geschäftliche Verbindung bestand zwischen der Stiftung und dem BE. 1953 hatte man einer Bitte der Theaterleute entsprochen und eine Nutzungsvereinbarung abgeschlossen. Gegenstand des Vertrages war ein Filmvorführraum, der an der den Hof Albrechtstraße 15 begrenzenden Bühnenrückwand errichtet werden sollte. Dessen Einweihung erfolgte ein Jahr später im Zusammenhang mit der Neueröffnung des Theaterhauses durch Brecht und Weigel. Das BE gehörte damit zu den Mietern der Stiftung. Die Miete betrug anfangs 10.- DM.[148]

2002 wurde der Vertrag, da die so genannte »Filmkabine« vom Theater nicht mehr benötigt wurde, beendet. Zum vorgesehen und vom Landesdenkmalamt bereits genehmigten Abriss kam es nicht, da sich die Stiftung für den Erhalt des

Brecht-Denkmal am Bertolt-Brecht-Platz

Filmkabine

kleinen bizarren Anbaus (die Legende will, dass es Brechts »Liebensnest« gewesen sei) einsetzte.

Das Jahr vor dem Mauerbau schloss mit einem Überschuss im Stiftungshaushalt von rund 9.700 DM, wobei die Aufwendungen für die Wohnhäuser die Mieteinnahmen wie so häufig überstiegen. Durch eine Mängelanzeige des Schornsteinfegermeisters bei der Bauaufsicht war man gezwungen gewesen, außerplanmäßig die Sanierung der Schornsteine einzuleiten. Nur die Gewinne aus dem Gewerbegrundstück Albrechtstraße 9/10 und eine im Vorjahr gebildete Finanzreserve hatten verhindert, dass man in die roten Zahlen geriet.

Wieder einmal sorgenvoll dürfte der Stiftungsvorstand in die Zukunft geblickt haben, doch sollten sich die maroden Schornsteine als das geringste Problem erweisen. Denn entgegen den Beteuerungen des SED- und Staatsratsvorsitzenden Ulbricht, dass niemand die Absicht habe, eine Mauer zu errichten, wurden in der Nacht vom 12. auf den 13. August 1961 die Zugänge nach Westberlin und der Bundesrepublik abgeriegelt und mithin die Teilung Deutschlands zementiert.

Nach dem Mauerbau

In den Sitzungsprotokollen des Kuratoriums findet der Mauerbau – wie schon die Gründung der DDR – keine ausdrückliche Erwähnung. Ergebenheitsadressen an Staat und Partei waren hier nicht zu erwarten und kritische Stellungnahmen verboten sich von selbst. Keinen Zweifel lassen die Unterlagen jedoch daran, dass die Ereignisse vom 13. August und deren Folgen für die Stiftung Existenz bedrohende Formen annahmen.

Im Oktober 1961 beschäftigte sich der Vorstand mit Zwangseinweisungen in einige der Wohnungen, die zeitweilig leer gestanden hatten. Die eingewiesenen Bewohner hatten die Miete für ihre alten Wohnungen bereits bis Ende Oktober entrichtet. »Es erhebt sich nun die Frage, wer die Miete für unsere Wohnungen vom Tage des Einzugs an bis zum Ende des Monats zu tragen hat. Diese Frage soll nachgeprüft und Rechtsauskunft darüber eingeholt werden.«[149] Der Grund für die Zwangseinweisungen blieb unausgesprochen, offenbar aber handelte es sich bei den Neuzugezogenen um Menschen, die ihre Wohnungen hatten räumen müssen, weil die Häuser im Grenzstreifen standen.

An der traditionellen Adventsfeier im Gemeindesaal der Sophiengemeinde nahmen anders als im Vorjahr nur noch 69 Verwandtenwitwen teil. Zu den nicht Erschienenen gehörten sowohl Frauen aus dem Westteil als auch aus dem Umland, denen es aufgrund der Grenzschließung unmöglich bzw. wegen der gekappten Verkehrsverbindungen zu beschwerlich geworden war, in die Mitte Berlins anzureisen.

Die Jahresbilanz erbrachte einen relativ hohen Überschuss von rund 24.000 DM, der aber nur darauf zurückzuführen war, dass wegen des Mauerbaus weder Handwerker noch Baustoffe für anderweitige Zwecke zur Verfügung standen. Das Kuratorium machte aus der Not eine Tugend und trug stattdessen einen Teil der Hypothekenschulden ab.

Auch im folgenden Jahr konnten nur in geringem Umfang Instandsetzungsarbeiten veranlasst werden. Dazu gehörte die seit langem geplante Betonierung des Gewerbehofes Albechtstraße 9/10. Wie viel aber noch 17 Jahre nach Kriegsende im Argen lag, zeigte sich daran, dass auf eine Auflage der Baupolizei hin »die durch Kriegseinwirkung beschädigte 7-Zimmerwohnung im Hause Albrechtstr. 14«[150] enttrümmert wurde.

Abermals erfolgte ein Wechsel in der Verwaltung. Aus Krankheitsgründen musste Gertrud Lindemann den Dienst quittieren. Offiziell wurde für sie im Dezember 1962 Helga Schellig eingestellt, inoffiziell übernahm deren Ehemann, Herbert Schellig, den Posten. Als Leiter des Kirchlichen Verwaltungsamtes Berlin Stadt III und

Mauergedenkstätte Bernauer Straße

Hausverwalter der Sophiengemeinde war er der Fachmann. Helga Schellig, die sich erst noch einarbeiten musste, gewährleistete denn zunächst auch nur die Öffnungszeiten des Büros.[151]

Durch eine längere Erkrankung von Konsistorialrat Kehr, traf sich das Kuratorium zu seiner ersten Jahressitzung 1963 erst im September. Kehr kündigte dem Gremium an, dass Pfarrer Werner Schmidt, der bereits seit zehn Jahren an Sophien tätig war, als zweiter Geistlicher in die Administration eintreten werde. Von den Laienvorstehern wurde begrüßt, dass ab dem 1. April bis zur Neuregelung dieser Frage, die Zahlung der herkömmlichen Entschädigung an die beiden geistlichen Administratoren eingestellt worden sei. Kehr informierte ferner über eine bevorstehende Besprechung im Magistrat, die Klarheit über die künftige Entwicklung der Stiftung schaffen sollte.

Die Zusammenkunft fand zwei Tage später statt. Es ging um die Zahlungsschwierigkeiten der Stiftung angesichts der Grundinstandsetzung und Modernisierung ihrer Häuser. Kehr wurde empfohlen, einen Großkredit von ca. 250.000 DM bei der Sparkasse zu beantragen. Einer der beiden anwesenden Magistratsmitarbeiter erbot sich, »nach Erhalt der erforderlichen Angaben eine erste Fühlungnahme über die Aussichten eines solchen Antrages vorzunehmen«. Sollte das nicht gelingen, »so wäre es am zweckmäßigsten, dem Magistrat, Abteilung Finanzen [...] die Zahlungsschwierigkeiten anzuzeigen.« In diesem Falle, so bekam Kehr mit auf den Weg, würde aber aller Voraussicht nach »die Auflösung der Stiftung erfolgen.«[152]

Von einem dem Vorstand zu Ohren gekommenen Gerücht, wonach bereits ein Abriss der Stiftungshäuser ins Auge gefasst worden sei, wussten die Magistratsmitarbeiter hingegen nichts, rieten aber beim Stadtbauamt nähere Erkundigungen einzuziehen.

Auch wenn sich das vermutlich gezielt gestreute Ondit nicht bewahrheitete, zeigte es doch das ganze Ausmaß staatlicher Willkür, die jederzeit zu gewärtigen war. Exemplarisch dafür steht der Jahresbericht von 1965. Die Stiftung hatte endlich die Grundinstandsetzung des Hauses Albrechtstraße 14 auf den Weg gebracht: »Nach kurzer Zeit mussten leider die Arbeiten unterbrochen werden, da die benötigten Zinkmengen für die Herstellung der Dachrinnen und Gesimse nicht vorhanden waren. Trotz ordnungsgemäßer Einplanung und Freigabe konnte dennoch das erforderliche Material nicht zur Verfügung gestellt werden! Auf Anraten der Bezirksbauleitung bemühte sich die Verwaltung darum, das Zinkblech für sämtliche Häuser aus dem Westen zu beschaffen. Dies gelang auch und Mengen im Werte von 13.000,-- DM-West lagen für die Stiftung zur Abholung bereit. Zu unserem größten Bedauern wurde unserem Antrage auf Genehmigung zu Einführung des Zinkblechs nicht stattgegeben. Auf unseren diesbezüglichen Antrag erhielten wir nicht einmal eine Antwort. Die Herren des Kuratoriums finden für diese Behandlungsweise keine Worte.«[153]

Abgesehen von den dauernden Schikanen, schwebte weiterhin das Damoklesschwert einer drohenden Insolvenz über der Stiftung.

Als fatal erwies sich darüber hinaus das Festhalten der SED-Führung an den Vorkriegsmieten. Während in der Bundesrepublik die Wohnungsmieten 1960 um 15 Prozent angehoben und für Altbauten 1963 frei gegeben wurden, blieb die Liberalisierung der »Wohnraumwirtschaft« im anderen deutschen Staat bis zuletzt ein Tabu.

Der durch die niedrig gehaltenen Mieten verursachte Wertverfall der Häuser machte zugleich deren Bewirtschaftung immer unrentabler. Waren schon die laufenden Kosten kaum noch zu decken, erforderte jede größere Instandsetzungsmaßnahme zwangsläufig die Aufnahme von Schulden. 1966 betrug der Wert der Stiftungshäuser rund 700.000 DM, die Kreditbelastung rund 613.844 MDN. Die Verbindlichkeiten hatten, gemessen am Wert der Immobilien, 87,7 Prozent erreicht.

Früher oder später war damit die Aufgabe des Hausbesitzes vorgezeichnet. Tatsächlich ging die übergroße Mehrzahl privater Mietshäuser im Laufe der Zeit in »Volkseigentum« über.

Für die Stiftung hätte der Verlust der Häuser und Grundstücke allerdings auch das Ende ihrer Tätigkeit bedeutet.

Im »real existierenden Sozialismus«

Ende Dezember 1967 schied Konsistorialrat Rudolf Kehr wegen seiner bevorstehenden Übersiedlung nach West-Berlin aus dem Stiftungsvorstand aus. Die Geschäftsführung übernahm Werner Schmidt; als zweiter Geistlicher rückte Helmuth Gröpler ins Kuratorium nach.

Während für 1968 kein Tätigkeitsbericht vorgelegt wurde, ähnelte der Rückblick auf 1969 den vorangegangenen: »Wie bereits in dem letzten Bericht vom Jahre 1967 erwähnt, wurden für die Reparatur der Dächer der Häuser Schiffbauerdamm 8 und Albrechtstr. 13 neue Projektierungsunterlagen beschafft und eine Einplanung beim Hauptplanträger für 1969 erreicht. Im Jahre 1969 mussten wir jedoch feststellen, dass wiederum keine Firmen für die Durchführung der Arbeiten zur Verfügung standen, so dass man uns auf das Jahr 1970 vertröstete. Wir bedauern diese Verzögerung außerordentlich, denn die Schäden in den Wohnungen der Mieter in den oberen Stockwerken werden immer größer […] Da das Bauvorhaben Schiffbauerdamm nicht abgeschlossen werden kann, verlangt die Sparkasse auf den gewährten Kredit weiterhin Zinsen, ohne dass mit der Tilgung begonnen werden kann. Die Stiftung erleidet dadurch weiterhin Verluste.«[154]

Seit 1960 unverändert geblieben war auch der Betrag von 50 Mark pro Person und Jahr, der an die Koepjohannitinnen ausgezahlt werden konnte. Die Gesamtsumme belief sich, inklusive der Kosten für die Adventsfeier, auf 4.300 Mark. Empfangsberechtigt waren nur noch 85 Frauen.

Zum Jahresende 1969 wurde Pfarrer Werner Schmidt in den Ruhestand verabschiedet. Die Geschäftsführung der Stiftung ging an Helmuth Gröpler. Als Zweiter Geistlicher trat der 33-jährige Johannes Hildebrandt ins Kuratorium.

Dem neuen Stiftungsvorstand blieb freilich auch nicht viel mehr, als den Mangel zu verwalten. In den nachfolgenden Jahren gelang es aber, die Einnahmen erstmals seit Ende des Zweiten Weltkrieges wieder zu steigern. 1972 wies der Kassenabschluss Erlöse von 228.000 M auf. Die Ausgaben beliefen sich auf 137.000 M, sodass sich ein Überschuss von 91.000 M. ergab. Mit Hilfe der Gewinne konnte in der Folgezeit die Schuldenlast verringert werden.

Ab den 1970er Jahren verbesserte sich auch in der DDR allmählich die materielle Situation der Bevölkerung. Unter Honecker propagierte die Partei- und Staatsführung die »Einheit von Wirtschafts- und Sozialpolitik«. Das Augenmerk richtete sich verstärkt auf die Familien- und Frauenförderung. Der Ausbau der Kinderbetreuung – von der Krippe bis zum Hort – wurde vorangetrieben und erleichterte Frauen, insbesondere allein erziehenden die Berufstätigkeit. Die Subventionierung von Grund-

Schiffbauerdamm 8, 1970er Jahre

nahrungsmittel, von Gütern des täglichen Bedarfs und Dienstleistungen verhinderte außerdem, dass einkommensschwächere Schichten ins soziale Abseits gerieten.

Für die Stiftung entstand eine neue Situation. Die Zahl ihrer Unterstützungsempfängerinnen sank kontinuierlich; 1979 umfasste der Kreis nur noch 59 Frauen. Zwar schaffte es auch der »erste sozialistische Staat auf deutschem Boden« nicht, Armut wirklich zu beseitigen, aber längst nicht mehr alle Bedürftigen, darunter Frauen mit Mindestrente, gehörten der Kirche an. Die Zugehörigkeit zu einer der drei evangelischen Gemeinden im Stiftungsgebiet bildete aber, wenn keine verwandtschaftliche Beziehung zum Stifter bestand, eine der Voraussetzungen zur Aufnahme in das Versorgungswerk. Die gesamten Aufwendungen für die Koepjohannitinnen bezifferten sich 1979 auf gerade einmal knapp 3.000 M. Gemessen an Aufwand und Nutzen, wurde hier das Räderwerk einer Turmuhr in Gang gehalten, um die Zeiger einer Taschenuhr zu bewegen. Eine Alternative gab es freilich nicht.

Neuerlich waren personelle Veränderungen im Kuratorium eingetreten. Schon im Juli 1975 hatte der zum Superintendenten beförderte Helmuth Gröpler ersetzt werden müssen. Die Interimsleitung oblag Pfarrer Hildebrandt. Im Dezember wurde Dr. Karl Dieter Behm neuer Gemeindepfarrer und geschäftsführender Administrator. 1976 trat Horst Reinke die Nachfolge des im Vorjahr verstorbenen Paul Schlese an;

1979 stieß der Mediziner Dr. Heinz Kraaz hinzu. Damit besaß die Stiftung erstmals drei Laienvorsteher.

1980 bat Helga Schellig aus gesundheitlichen Gründen um Aufhebung des Arbeitsvertrages. Nebenamtlich zunächst übernahm Herbert Schellig ihre Aufgaben.

Die Zahl der Koepjohannitinnen reduzierte sich abermals. Lediglich 55 Frauen erhielten jetzt noch Beihilfen. Der Einzelbetrag lag unverändert bei 50 M, die Gesamtsumme bei rund 2.800 M.

Der Bestandsvortrag hatte sich auf 202.000 M erhöht, weil die avisierten Bauvorhaben den Widrigkeiten der Planwirtschaft zum Opfer gefallen waren. Das Folgejahr bot das gleiche Bild. Der Kassenabschluss erbrachte ein Plus von ca. 215.000 M. Geplante Reparatur- und Erneuerungsarbeiten waren nur teilweise, behelfsmäßig oder eben auch gar nicht ausgeführt worden. Der Kreis der Koepjohannitinnen hatte sich weiter verkleinert. Eine Zahl wird im Jahresbericht nicht genannt. Anhand der aufgewendeten Summe von 2.645 Mark, inklusive der Unkosten für die Adventsfeier, dürfte es sich aber mittlerweile um nicht vielmehr als 50 Personen gehandelt haben.

1982 wurde als Mitarbeiterin des Verwalters Herbert Schellig dessen Schwiegertochter Sieglinde Schellig eingestellt. Und wahrscheinlich mit Blick auf den rekordverdächtigen Jahresabschluss von rund 255.000 Mark beschloss das Kuratorium, eine Nachkommin des Stifters und zwei Frauen aus der Sophiengemeinde neu zu den Versorgungsleistungen zu zulassen.

Ein überfälliger Schritt, denn so richtig es an und für sich war, finanzielle Reserven zu bilden, zeigte sich doch, dass aufgrund der Mangelwirtschaft in der DDR Gelder in dieser Höhe kaum noch investiert werden konnten. Diese weckten stattdessen die Begehrlichkeiten des Staates, der unerachtet der Gemeinnützigkeit der Stiftung plötzlich eine Kapitalertragssteuer forderte.

Auch 1983 ließ der Umfang der erforderlichen Baumaßnahmen zu wünschen übrig, da die Stiftung zum wiederholten Mal vom Rat des Stadtbezirkes nicht in die Bilanzen einbezogen worden war. Zusammen mit den Bestandsvorträgen aus den zurückliegenden Jahren schwoll das flüssige Kapital damit auf rund 401.000 M an. Vier Frauen, darunter eine aus der Familie Koepjohanns, wurden neu in das Versorgungswerk aufgenommen.

Das Jahr 1984 begann mit einem personellen Wechsel im Kuratorium. Dem aus dem Dienst der Sophiengemeinde geschiedenen Dr. Behm folgte Martin-Michael Passauer, der zuvor als Stadtjugendpfarrer und in der kirchlichen Friedensbewegung aktiv gewesen war.

Obschon die Stiftung wieder keine Berücksichtigung in den Bilanzierungen gefunden hatte, konnten die Hausdächer Albrechtstraße 14 und 15 instand gesetzt, die Sanitärstränge in der Albrechtstraße 15 und 16 wie auch einige Elektroanlagen erneuert werden. Maßnahmen, die zugleich den Bestandsvortrag auf rund 388.000 M senkten.

Im Sommer 1985 wurde Herbert Schellig als Verwalter verabschiedet und die bereits seit drei Jahren in der Stiftung tätige Sieglinde Schellig kommissarisch mit der Aufgabe betraut. Der Vertragsabschluss mit ihr erfolgte im Frühjahr 1986.

Inzwischen bereitete sich die Hauptstadt der DDR auf die 750-Jahr-Feier Berlins vor, die im Systemwettbewerb genutzt werden sollte, um die wirtschaftliche Potenz des sozialistischen Staates zu demonstrieren. Neben bereits laufenden Großprojekten – dem Wiederaufbau des Nikolaiviertels oder der Wiederherstellung des Gendarmenmarktes – wurden auch Mittel und Kapazitäten für die Restaurierung historischer Straßenzüge und architektonisch wertvoller Einzelobjekte freigegeben.

Die Stiftung erhielt von der Denkmalpflege Auflagen für ihre Häuser, sah sich dadurch aber endlich in die staatliche Bilanzierung einbezogen. So konnten u. a. am Schiffbauerdamm 8 die Natursteinsockelplatten erneuert und Fenster mit Oberlichtsprossung nachgebaut werden. In den Häusern der Albrechtstraße wurden endlich die schadhaften Fenster durch neue ersetzt und somit die Wohnsituation der Mieter verbessert. Jedoch hält der Jahresbericht fest: »Sehr kritisch muss bemerkt werden, dass die Baufirmen zunehmend mit minderwertigem und fehlerhaftem Material arbeiten, andererseits durch Abrechnung nach neuen Preisanordnungen, bei denen der Preisausgleich keineswegs mehr dem Preisgefüge von 1966 entspricht, uns Belastungen in doppelter Hinsicht entstehen.«[155]

Im April 1987 leitete das »Büro für Städtebau« der Stiftung Entwürfe zu, die vorsahen, den zur Spree und zum Bahnhof Friedrichstraße gewandten Wohn- und Geschäftshauskomplex am Schiffbauerdamm, Ecke Albrechtstraße weitgehend in originaler Form wiederherzustellen.

Noch immer fehlten die im Krieg zerstörten oberen Ecketagen und der Turm. Das Kuratorium gab seine Zustimmung unter der Bedingung, dass die Häuser nicht übermäßig belastet würden und die Stiftung als Rechtsträger jederzeit alle Mitsprache- und Kontrollrechte behalten müsse. Nach den offiziellen Feierlichkeiten, deren Höhepunkt ein am 5. Juli veranstalteter großer Festumzug Unter den Linden war, zog in Ostberlin indes wieder der graue Alltag ein. Von städtischer Seite kam niemand mehr auf das Projekt zu sprechen.

Inzwischen schlugen sich Stiftungsvorstand und Verwaltung schon mit anderen Problemen herum. Im Oktober havarierte das Grundleitungssystem in den Häusern Schiffbauerdamm 8 und Albrechtstraße 13/14. Bei der Erneuerung der Versorgungsleitung und den dafür nötigen Erdarbeiten wurden der über 300 qm große, denkmalgeschützte Gartenhof und zwei weitere Höfe so stark in Mitleidenschaft gezogen, dass nun deren Instandsetzung dringend geboten war.

Die Mieter, seit Jahrzehnten an bauliche Missstände und Unbill gewöhnt, pflegten in ihren Wohnungen selbst Hand anzulegen und kleinere Mängel zu beseitigen. Sie halfen auch bei der Wiederherstellung des denkmalgeschützten Innenhofes. Allein 1988 wurden von ihnen unentgeltliche Leistungen im Wert von vier- bis fünftausend Mark erbracht. Der Magistrat, Abteilung Kultur, sowie der Kulturbund zeichneten die Mietergemeinschaft daraufhin mit einer Prämie von 500 Mark aus.

Aus Altersgründen nahm Tischlermeister Erich Lichterfeldt im Dezember letztmals an einer Vorstandssitzung teil. Seine Nachfolge trat Rechtsanwalt Lothar de Maizière an. Ferner wurde beschlossen, sechs Frauen aus dem Stiftungsgebiet neu in das Versorgungswerk aufzunehmen.

Abgesehen von der Wiederherstellung der Hofflächen, an der sich erstmals der Magistrat mit 7.300 M (Gesamtkosten 33.000 M.) beteiligt hatte, und trotz zahlloser im Berichtsjahr durchgeführter Reparatur-, Instandhaltungs- und Modernisierungsmaßnahmen in Höhe von 50.000 M waren die Häuser nach wie vor in einem unzulänglichen baulichen Zustand. Die geplante Gesamtrekonstruktion hatte infolge fehlender Bilanzen neuerlich verschoben werden müssen.

1989 überschlugen sich die politischen Ereignisse in der DDR und drängten im Kuratorium anscheinend alle anderen Probleme in den Hintergrund. Seit den Kommunalwahlen vom 7. Mai, bei denen Bürgerrechtsgruppen die Wahlfälschungen durch die SED aufgedeckt hatten, verbreitete sich der Protest gegen die Partei- und Staatsführung. Auch die Sophienkirche, deren Gemeindeleitung seit längerem Bürgerrechtlern und Ausreisewilligen Rat und Hilfe gewährte, zählte zu den Zentren der Oppositionsbewegung. Am 5. November wurde hier, von der Staatsicherheit mitgefilmt, der Berliner Bezirksverband der Sozialdemokratischen Partei (SDP) gegründet.[156]

Einer grundlegenden Forderung ihrer Bürger nachkommend, verkündete die Staatsführung am 9. November, dass mit sofortiger Wirkung die Beschränkungen im Reiseverkehr aufgehoben worden seien. Noch in der Nacht wurden die Grenzkontrollstellen nach Westberlin geöffnet. Mit dem Fall der Mauer war, wie sich bald herausstellen sollte, auch das Schicksal der DDR besiegelt.

Das Kuratorium scheint in diesem politisch turbulenten Jahr nicht getagt zu haben. Außer der Jahresrechnung und dem -bericht liegen keine Unterlagen vor. Nicht nehmen ließ man sich die Ausrichtung der Adventsfeier. An ca. 35 Frauen wurden, einschließlich der Kosten für das gesellige Beisammensein, ein Betrag von insgesamt 1.902.84 M ausgezahlt. Hinsichtlich des baulichen Zustands ihrer Häuser ging die Stiftung freilich mit altbekannten Problemen ins Jahr der deutschen Einheit.

Am 1. Juli 1990 trat zwischen beiden deutschen Staaten die Wirtschafts-, Währungs- und Sozialunion in Kraft, mit der die D-Mark auch in der DDR und Ostberlin als Zahlungsmittel eingeführt wurde. In den Monaten davor hatte der Stiftungsvorstand alles darangesetzt, »um möglichst geordnete Verhältnisse beim Übergang zum freien Markt zu schaffen«. Neben Modernisierungsmaßnahmen »wurden noch zahlreiche denkmalpflegerische Arbeiten im Gebäudekomplex Schiffbauerdamm 8 / Albrechtstraße 13/14 zum Abschluss gebracht (Fenstereinbauten / Sandsteinarbeiten / schmiedeeiserner Zaun zur Einfriedung des Geländes), diese Leistungen konnten somit noch zu den sogenannten 66er Preisen abgerechnet werden […] Die Koepjohann'sche Stiftung hat im 1. Halbjahr 90 sämtliche Schulden einschl. der gestundeten Zinsen getilgt, so dass keine Häuser mehr mit Krediten belastet sind.«[157]

Trotz aller Vorsorge geriet die Stiftung nach Inkrafttreten der Währungsunion in schweres Fahrwasser. Den noch immer geringen Mieten standen nun deutlich gestiegene Preise für Handwerks- und Dienstleistungen gegenüber, was zur Folge hatte, dass innerhalb weniger Monate das gesamte Geldvermögen aufgebraucht war.

Vorausschauend waren schon im Juni beim Bauministerium der letzten DDR-Regierung Fördermittel von 300.000 DM beantragt worden, die über das Bezirksamt Mitte im November zur Verfügung gestellt wurden. An Modernisierungs- und Instandhaltungsauflagen gebunden, floss der Kredit vollständig in den Heizungs- und Sanitärbau.

Nach dem Beitritt der ostdeutschen Länder zur Bundesrepublik am 3. Oktober hatte sich die Stiftung neben ihrer heiklen finanziellen Lage auch mit den geänderten ökonomischen und gesetzlichen Bedingungen auseinanderzusetzen. Gewerbemietverhältnisse mussten überprüft bzw. neu abgeschlossen werden. Hinsichtlich des Grundstückes Albrechtstraße 9/10, das nur mit Schuppen und Baracken bebaut war, stellte sich dringlicher denn je die Frage, wie damit zu verfahren sei. Lothar de Maizière, im April aus den ersten freien Volkskammerwahlen als Ministerpräsident hervorgegangen und mittlerweile in der Bundespolitik tätig, war aus dem Vorstand ausgeschieden. Eine Nachbesetzung wurde zwar verworfen, aber die Hinzuziehung eines Juristen als ständiger Berater der Stiftung für unabdingbar erachtet.

Auf der Adventsfeier im Dezember erhielten die Unterstützungsempfängerinnen ihre jährliche finanzielle Beihilfe erstmals in D-Mark ausgezahlt. Einschränkend hält der Jahresbericht fest, dass wegen der noch weitgehend subventionierten Kosten für den Lebensunterhalt die Unterstützungszahlungen noch nicht erhöht worden seien. »Für das Jahr 1991 ist sowohl die Erhöhung der Unterstützung der Witwen als auch die Erweiterung des Kreises der Witwen der Spandauer Vorstadt (ein sozial sehr schwacher und problematischer Kiez) vorgesehen, sofern dies der Haushalt der Stiftung im Jahre 91 zulässt.«[158]

Im wiedervereinten Berlin

Am 2. Dezember 1990 hatten die Wahlen zum ersten Gesamtberliner Abgeordnetenhaus stattgefunden. Damit besaß die Spreemetropole nach mehr als vier Jahrzehnten wieder eine gemeinsame Stadtregierung und -verwaltung. Der Prozess des Zusammenwachsens begann, der sich entgegen mancher politischen Voraussage jedoch als schwieriger und langwieriger erweisen und beiden Seiten viel abverlangen sollte.

Vor der Stiftung stand zunächst die Aufgabe, ihre Satzung an das Berliner Stiftungsgesetz sowie das bundesdeutsche Recht und dessen Abgabenordnung von 1977 anzupassen. Mit der Erarbeitung einer neuen Satzung und Geschäftsordnung wurde der Verwaltungswirt Rüdiger Schenk beauftragt, der im März 1991 erste Entwürfe vorlegte. Die Problematik beschäftigte jedoch das Kuratorium während des gesamten Jahres.

»Parallel zu diesem Bemühen erforderten die außerordentlich komplizierten ökonomischen Bedingungen, denen die Stiftung plötzlich ausgesetzt war, völlig neue Lösungen bei der Bewirtschaftung des fast ausschließlich aus Immobilien bestehenden Vermögens der Stiftung.

Bedingt durch den gravierenden Widerspruch zwischen den gesetzlich vorgeschriebenen Mieteinnahmen (es waren bis zum 30.09.1991 lediglich die Friedensmieteinnahmen i. H. v. 0,64 – 0,85 DM/qm ohne Umlagemöglichkeit der Betriebskosten auf die Mieter zu erzielen) und den Marktpreisen von 1993, die die Stiftung für alle anfallenden Ausgaben zu zahlen hatte, entstanden binnen kürzester Zeit Liquiditätsprobleme. Hintergrund hierfür war das Missverhältnis zwischen den konstant gebliebenen Einnahmen und den Ausgaben, die sich um das sechs- bis zehnfache gegenüber den Verhältnissen vor der Währungsunion erhöht hatten.«[159]

Darüber hinaus beauftragte der Vorstand Rüdiger Schenk bei der EWOBA Bau GmbH, die Sanierung der Gewerberäume in den Stiftungshäusern zu veranlassen, um den Leerstand rasch zu beseitigen. Die Firma wurde zugleich gebeten, Baugrundgutachten für die Grundstücke Albrechtstraße 9/10 und Schiffbauerdamm 8 zu erstellen.

Im Mai unterzeichneten die Kuratoren Hildebrandt, Passauer und Günther Schmidt einen Kreditvertrag über 2 Millionen DM bei der Dresdener Bank, der für die Sanierung der Gebäude, darunter die Wiederherstellung des im Zweiten Weltkrieg zerstörten Eckturmes, vorgesehen war. Als Generalauftragnehmer für die Baumaßnahmen erhielt die Firma Schenk, Schütz und Partner den Zuschlag. Hinsichtlich des Gewerbegrundstückes Albrechtstraße 9/10 entschied sich der Vorstand, einen Neubau in Angriff zu nehmen.

Die steuerrechtlichen Bedingungen wie auch die umfangreichen Finanzbewegungen machten die Suche nach einem erfahrenen Steuerberatungs- und Wirtschaftsführungsbüro erforderlich. Die Wahl fiel auf die BDO Deutsche Warentreuhand AG – Wirtschaftsprüfungsgesellschaft, Berlin. Für die juristische Beratung wurde ein Vertrag mit der in Charlottenburg ansässigen Rechtsanwaltskanzlei Dr. Malorny, Limberger, Mielke abgeschlossen.

Um die geplanten und laufenden Bauvorhaben finanziell abzusichern, suchte die Stiftung bei der DSL Bank nach einem weiteren Darlehen in Höhe von 10 Millionen nach. Fertig gestellt werden konnten im Berichtsjahr drei große Sammelheizungen, die es künftig ermöglichen sollten, sämtliche Wohnungen und Gewerberäume zu versorgen.

Auf der Adventsfeier der Koepjohannitinnen gab es in zweifacher Hinsicht eine Neuerung. Die Beihilfe wurde auf 200 DM pro Person erhöht und zu mehreren der bedürftigen Frauen erstmals persönlicher Kontakt aufgenommen. »Da viele der z. T. hochbetagten Witwen nicht mehr in der Lage waren, der Einladung zur Weihnachtsfeier in den Häusern der Stiftung zu folgen, wurde die Abholung von den weiter entfernt gelegenen Orten [...] durch Mitarbeiter der Stiftung organisiert und somit für die meisten Bedürftigen ein besonderer Höhepunkt geschaffen.«[160]

Gegenüber 14 Vorstandssitzungen im zurückliegenden Jahr verlief die Stiftungsarbeit 1992 in vergleichsweise ruhigeren Bahnen. Da von Seiten des Konsistoriums Einwendungen gegen die neue Stiftungssatzung gemacht worden waren, musste sich das Kuratorium im Februar erneut mit dem Gegenstand befassen und Änderungen vornehmen. Weitere Überarbeitungen folgten im Mai, August, Oktober und November.

Am 6. Juni beging die Stiftung mit einer Feierstunde in der Sophienkirche und am Grabmal des Gründers ihr 200-jähriges Bestehen. Zu den Gästen gehörten die Koepjohannitinnen und Gemeindeglieder der Spandauer Vorstadt. Am Schiffbauerdamm, der Stätte von Koepjohanns Wirken, und während einer Dampferfahrt erläuterte ein Schiffbaumeister anschließend die Entwicklung der Schifffahrt auf der Spree.

Im Spätsommer informierte sich der Vorstand über den Stand der Baumaßnahmen, die mit Ausnahme der Dächer, zu ca. 60 Prozent abgeschlossen worden waren. Im Verlauf des Jahres konnten die Räume der seit DDR-Zeiten im Erdgeschoss der Albrechtstraße 14 befindlichen Kieferorthopädiepraxis modernisiert und das ausgebaute Souterrain für eine gastronomische Nutzung durch das Restaurant »Kartoffelkeller«, zur Verfügung gestellt werden.

Die Weihnachtsfeier für die Koepjohannitinnen wurde diesmal in den Räumen der Stiftung ausgerichtet. Die Zuwendungszahlungen für die 33 Frauen beliefen sich wiederum auf 200 DM pro Person. Eine Verwandtenwitwe war im März neu als Unterstützungsempfängerin aufgenommen worden.

Kartoffelkeller

Mietminderungen, die wegen der Baumaßnahmen gewährt werden mussten, und aufgelaufene Mietschulden, führten am Jahresende zu einem Fehlbetrag von 212.000 DM. Den Einnahmen in Höhe von 1.021.000 DM standen Ausgaben von 1.233.000 DM gegenüber.

Um die Geschäftsführung künftig zu entlasten, wurde der Haus- und Wohnungsverwaltung HAWO von Wolf-Dieter Schellig im Januar 1993 die Buchung der Mieter-, Modernisierungs- und Instandsetzungsgelder befristet übertragen.

Nachdem die DSL Bank aktuelle Wirtschaftlichkeitsberechnungen gefordert und Kreditmittel zunächst einbehalten hatte, führten Vertreter des Vorstandes im Mai Gespräche mit der Bank, die zusicherte, dass der ausgehandelte 10-Millionen-Kredit voll ausgeschöpft und bei einem entsprechenden Antrag auch der im Rahmen der Baumaßnahmen erwartete Mehraufwand von 4,4 Millionen DM abgerufen werden könne. Für den vorgesehenen Dachgeschossausbau in den Stiftungshäusern stellte das Geldinstitut einen zusätzlichen Kredit von 10 Millionen DM in Aussicht und bot außerdem an, das Darlehen der Kreditanstalt für Wiederaufbau abzulösen, um die Zahlungsfähigkeit der Stiftung zu verbessern.

Das Kuratorium beschloss mit Blick auf die Kosten für den baulichen Mehraufwand und den geplanten Dachausbau, daneben ein Angebot der Sparkasse zu prüfen.

Dampferfahrt 2012

Verhandlungen wurden im Juni aufgenommen. Da die Senatsverwaltung für Stadtentwicklung und Umweltschutz Einwände gegen die Entwürfe zum Ausbau der Dächer Schiffbauerdamm 8/Albrechtstraße 14 vorgebracht und Nachbesserungen gefordert hatte, mussten die Planungen überarbeitet werden.

Nachdem bereits im Vorjahr die Koepjohannitinnen zu einer Dampferfahrt eingeladen worden waren, fand eine solche Veranstaltung im Frühsommer erneut statt und begründete neben der Adventsfeier eine weitere Tradition in der Stiftung.

Nach der Sommerpause befasste sich das Kuratorium erneut mit Satzungsfragen. In der Neufassung, die von der Senatsverwaltung für Justiz schließlich am 14. September genehmigt wurde, hieß es nun: »Zweck der Stiftung ist die Unterstützung von Witwen und Waisen, die bedürftig im Sinne von § 53 der Abgabenordnung sind, und zwar a) überwiegend solcher lutherischer Konfession aus dem durch Lageplan kenntlich gemachten Gebiet der Spandauer Vorstadt und b) im übrigen auch solcher aus der Verwandtschaft des Stifters und seiner Ehefrau.«[161]

In der neuen Satzung finden sich zugleich die historischen Bezeichnungen »Administratoren«, »Kuratorium« und »Kuratoren« durch Begrifflichkeiten wie »Vorsitzender des Vorstandes«, »Vorstand« und »Mitglieder des Vorstands« ersetzt.

Stiftungshäuser Albrechtstraße 15/16

Gemäß der geänderten Stiftungssatzung wurde Pfarrer Hildebrandt zum Vorsitzenden und Pfarrer Passauer zum stellvertretenden Vorsitzenden gewählt. Günther Schmidt und Peter Reddig wurden als Mitglieder des Vorstandes bestätigt.

Wegen der festgelegten Amtszeitbefristung auf sechs Jahre musste sich Schmidt im Februar 1994 nochmals der Wahl stellen. Neu stieß der Wasserbauingenieur Henner Witt hinzu. Im Juni schied Schmidt aus persönlichen Gründen aus dem Gremium aus. Für ihn rückten im Herbst drei neue Mitglieder in den Vorstand nach: der Verwaltungsangestellte Matthias Guhl, Ralf Weller und die Psychologin Beate Kratochwil. In der 200-jährigen Geschichte der Stiftung war damit erstmals eine Frau in den Vorstand berufen worden.

Bereits im April hatte der Vorstand nach langen Unterhandlungen mit der Stiftungsaufsicht die Genehmigung erhalten, einen Grundschuldeintrag von 24 Millionen DM vorzunehmen. Um Zahlungsengpässen vorzubeugen, war zudem ein Darlehensvertrag mit dem Konsistorium über 500.000 DM unterzeichnet worden.

Am 28. Oktober konnte das Richtfest für den Dachausbau der Häuser Albrechtstraße 15 und 16 in Anwesenheit der Koepjohannitinnen, Vertretern des öffentlichen Lebens und der drei Kirchgemeinden aus der Spandauer Vorstadt gefeiert werden.

Die Adventsfeier für die Koepjohannitinnen fand in dem am Schiffbauerdamm 8 inzwischen eröffneten »Armenischen Restaurant« statt. Der Kreis der Unterstützungsempfängerinnen war durch 3 Neuaufnahmen wieder auf 35 Personen angewachsen, an die 7.000 DM ausgereicht wurden.

Die finanzielle Lage der Stiftung blieb dagegen angespannt, die Arbeitsbelastung für alle Beteiligten im Vorstand hoch. Neben der laufenden Bautätigkeit waren die Planungen zur Neubebauung des Grundstückes Albrechtsstraße 9/10 voranzutreiben und Liquiditätsrisiken zu bedenken. Die Prüfung des Jahresabschlusses durch den Steuerprüfer Dr. Bernhard Britting ergab einen Fehlbetrag von 609.000 DM.

Am 1. Januar 1995 übernahm Superintendent Passauer turnusgemäß den Vorsitz im Vorstand, ohne wohl schon zu ahnen, dass das neue Jahr eines der dramatischsten in der Geschichte der Stiftung werden sollte.

Im März wurde die Stiftung vom Architekturbüro darüber in Kenntnis gesetzt, dass bei den Baumaßnahmen eine Kostenüberschreitung erfolgt sei. Nach ersten Schätzungen handelte es sich dabei um eine Finanzlücke von ca. 2 Millionen DM.

Einen Monat später legte das Architekturbüro eine präzisierte Kostenaufstellung für die laufenden und geplanten Bauvorhaben vor, aus der sich über die zur Verfügung stehenden 24 Millionen DM hinaus, ein Mehrbedarf von 4 Millionen DM ergab. Zur Kostenexplosion beigetragen hatten Modernisierungen, die nach höheren Standards als vereinbart durchgeführt worden waren. Eine lückenhafte Buchführung, die Kostenzuordnungen und Neuberechnungen von Mieten erschwerte, erwies sich dabei als das generelle Problem. Der Vorstand beschloss, Rüdiger Schenk, der der Stiftung schon beratend zur Seite gestanden hatte, auf Honorarbasis für die geschäftsführende Tätigkeit hinzuzuziehen.

Inzwischen waren konkrete Aufgabenfelder für die Mitglieder des Vorstandes festgelegt worden. Danach teilten sich die beiden Pfarrer Hildebrandt und Passauer in die Leitung der Stiftung; Matthias Guhl wurde für den Bereich Finanzen zuständig, Beate Kratochwil für Wohnungsvergabe und Mieterfragen, Peter Reddig für Haustechnik, Ralf Weller für Computertechnik und Organisationsberatung sowie Henner Witt für Angelegenheiten des Bauens.

Im April erwirkte die an der Instandsetzung der Stiftungshäuser beteiligte Malerfirma ein Versäumnisurteil wegen unbezahlter Rechnungen in Höhe von 400.000 DM. Infolge des Vollstreckungstitels gegen die Stiftung wurden Ende Mai deren Konten bei der Sparkasse gesperrt. Das bedeutete faktisch die Zahlungsunfähigkeit.

Allein über ein Konto bei der Dresdener Bank, das der Klägerseite entgangen war, konnte die Geschäftstätigkeit noch aufrechterhalten werden. Darlehen, die der Kirchenkreis Berlin-Mitte und die Sophiengemeinde kurzfristig zur Verfügung stellten sowie Vorauszahlungen, die der neue Mieter eines Restaurants leistete, bewahrten die Stiftung davor, Insolvenz anmelden zu müssen.

Infolge der prekären Finanzsituation wurde ein Wechsel in der Geschäftsführung nötig. Auch der Vorstand selbst musste sich seitens Rüdiger Schenk den Vorwurf gefallen lassen, seiner Aufsichtspflicht nur in ungenügendem Maße nachgekommen zu sein. Ein Rücktritt, zu dem das gesamte Kuratorium bereit war, wurde verworfen. Angesichts der Finanzmisere beschloss man aber, die Dampferfahrt mit den Koepjohannitinnen ausfallen zu lassen.

Obwohl das Landgericht im September das Versäumnisurteil aufhob und der Berliner Senat zuvor schon Fördermittel von rund 284.000 DM für die denkmalgerechte Wiederherstellung der Fassaden und Treppenhäuser in der Albrechtstraße 15 und 16 bewilligt hatte, war die Stiftung weit davon entfernt, ihrer Finanzprobleme Herr zu werden. Schleppender Fortgang der Baumaßnahmen und Mietrückstände in 6-stelliger Höhe, die mit teilweise ungewissem Ausgang eingeklagt werden mussten, verursachten immer neue Kosten und neuen Ärger.

Das Geschäftsjahr schloss mit einem Minus von 508.000 DM. Wegen der Liquiditätsengpässe konnten für Stiftungszwecke nur 6.500 DM ausgezahlt werden. Im Vorjahr hatte die Summe, einschließlich der Zahlungen an die Unterstützungsempfängerinnen, bei rund 27.300 DM gelegen.

Im Januar 1996 legte Dr. Britting die Steuerprüfberichte für die Jahre von 1992 bis 1994 vor, aus denen sich ein Fehlbetrag von 837.000 DM ergab. Bis zum Jahr 2000 prognostizierte er einen Gesamtverlust von 5,7 Millionen DM, der neuerlich Kreditaufnahmen nötig machen würde. Eine Entwicklung, die den Bestand der Stiftung gefährdete.

Im Februar lehnte das Amt für offene Vermögensfragen Berlin Mitte/Prenzlauer Berg den 1993 von der Stiftung gestellten Antrag auf Rückübertragung von Teilen des Grundstückes Friedrichstraße 107 ab, auf denen der Friedrichstadtpalast steht. Die Flurstücke waren von Koepjohann offenbar nie verkauft, aber schon im 18. Jahrhundert als Kasernengelände für das 1. Preußische Artillerieregiment genutzt worden. Koepjohanns Agreement mit dem Militär mochte nicht nur die Verbindung zu Oberst v. Meerkatz gefördert, sondern auch Friedrich den Großen bestimmt haben, mehrfach zu Gunsten des Schiffbaumeisters in dessen Rechtshändel einzugreifen.

In den Stiftungshäusern gingen die Bauarbeiten nach wie vor nur in unzureichendem Maße voran, wie Vorstandsmitglied Witt immer wieder beklagte. Dringend geboten war deshalb die Suche nach einem die Baumaßnahmen begleitenden Fachmann, wofür Siegfried Kleimeier von der Perspektive GmbH gewonnen werden konnte. Für finanzwirtschaftliche Fragen und die finanzielle Neuaufstellung der Stiftung wurde ein Honorarvertrag mit dem Diplom-Kaufmann Volker Devermann abgeschlossen.

Vestibül Schiffbauerdamm 8

Mit Martin-Michael Passauers Wahl zum Generalsuperintendenten des Sprengels Berlin der Evangelischen Kirche Berlin-Brandenburg-schlesische Oberlausitz war sein Ausscheiden als Pfarrer der Sophiengemeinde zum 31. Oktober verbunden. Dementsprechend musste auch im Stiftungsvorstand seine Nachfolge geregelt werden. Da aber für die Sophienkirche nur noch eine Pfarrstelle vorgesehen war, war guter Rat teuer. Das Koepjohannsche Testament schrieb zwingend zwei geistliche Kuratoren aus der Sophiengemeinde vor. In der Stiftung optierte man deshalb dafür, Passauer im Vorstand zu belassen, was vom Konsistorium schließlich gebilligt wurde.

Im Oktober diskutierte der Vorstand über die künftige Entwicklung der Stiftungsarbeit und stellte der als Gast anwesenden Oberkonsistorialrätin Carola Palt seine Überlegungen vor, wonach »eine Betreuung des satzungsgemäß zu unterstützenden Personenkreises lediglich mit Finanzmitteln nicht als im Sinne des Stifters empfunden werde. Die soziale Situation habe sich seit Stiftungsbeginn entscheidend geändert, insbesondere würden im Rahmen der Sozialgesetzgebung Hilfen für eine Vielzahl von Lebenssituationen bereitgestellt. Es gelte vielmehr Personen aufzufangen, die durch die Maschen des sozialen Netzes fallen würden. Der Vorstand sei interessiert auch mit anderen Institutionen zusammenzuarbeiten, die Bedürftige betreuen, denen für die Betreuung jedoch häufig finanzielle Mittel fehlten. Beispielhaft wurden genannt ›Evas Arche‹ und Tagespflegestationen, wie auch die Betreuung obdachloser Frauen.«[162] Oberkonsistorialrätin Palt sagte ihre Unterstützung zu.

Im November stimmte der Vorstand der Annahme eines Zuwendungsbescheides des Senats über 125.000 DM für die Restaurierung des Vestibüls und Treppenhauses Schiffbauerdamm 8 zu. Die Deutsche Stiftung Denkmalschutz hatte für den gleichen Zweck noch einmal 100.000 DM bewilligt, womit der Eigenanteil der Stiftung an dieser baulichen Maßnahme auf 175.000 DM gesenkt werden konnte.

Nachdem im Frühsommer auch wieder die Dampferfahrt stattgefunden hatte, wurde auf der Adventsfeier jeder Unterstützungsempfängerin erstmals ein Betrag von 400 DM ausgezahlt. Möglich geworden war dies durch Einwerbung von Spenden in Höhe von 20.000 DM. Die Gesamtbilanz fiel dagegen kaum besser als im Vorjahr aus. Der von Dr. Britting vorgelegte Prüfbericht ergab bei Einnahmen von 2,522 Millionen und Ausgaben von 3,293 Millionen einen Fehlbetrag von 771.000 DM.

Zu den in diesem Jahr abgeschlossenen Baumaßnahmen gehörten die vom Senat mit rund 284.000 DM bezuschusste Restaurierung der Fassaden und Treppenhäuser Albrechtstraße 15 und 16 sowie die gärtnerische Gestaltung der Außenanlagen und Innenhöfe, für die ebenfalls aus dem Senatshaushalt Fördermittel in Höhe von rund 111.000 DM geflossen waren.

Um die Liquidität der Stiftung zu erhalten, stellte das Konsistorium der Evangelischen Kirche Berlin-Brandenburg Anfang Januar 1997 einen Überbrückungskredit von 500.000 DM zur Verfügung. Die DSL Bank signalisierte darüber hinaus ihre Bereitschaft, einen KfW-Kredit zu günstigeren Konditionen abzulösen. Dennoch waren die nächsten Zahlungsengpässe absehbar.

Vorbehaltlich der Zustimmung durch die Aufsichtsgremien beschloss der Vorstand deshalb auf seiner Sitzung am 15. Januar, die Verwertung des Grundstückes Albrechtstraße 9/10 zu forcieren und Gespräche mit allen zwölf Investoren aufzunehmen, die bereits ihr Interesse angemeldet hatten. Auf eine Erbpacht einzugehen, wie vom Vorstand bevorzugt, bestand aber seitens der Bewerber nur wenig Neigung. Insbesondere schreckte die hohe Einmalzahlung auf einen Teil des Erbpachtzinses ab, die die Stiftung forderte.

Nach eingehender Diskussion fiel Ende April im Vorstand die Entscheidung zugunsten eines Verkaufs. Zuvor hatte der Vorsitzende, Generalsuperintendent Passauer, die Stiftungsaufsicht bei der Senatsverwaltung für Justiz über die beabsichtigte Satzungsänderung unterrichtet und um Stellungnahme gebeten. Die Neufassung betraf Paragraph 3, Absatz 3, durch die eine Veräußerung des Grundstückes mit Genehmigung der Aufsichtsbehörde ermöglicht werden sollte.

Eine weitere Abänderung erforderte Paragraph 4, Absatz 2a, um künftig die Berufung der Pfarrer in den Stiftungsvorstand zu regeln. Hier wurde vorgeschlagen,

Hof Albrechtstraße 9/10

den zweiten geistlichen Kurator – nach Möglichkeit aus einer der drei Gemeinden der Spandauer Vorstadt – durch das Konsistorium bestellen zu lassen, wobei der Vorstand einen der beiden zum Vorsitzenden wählen und der andere automatisch die Stellvertretung übernehmen sollte.

Nach Hinweisen der Stiftungsaufsicht brachte der Vorstand Ende Mai kleinere redaktionelle Korrekturen an und beschloss die Satzungsänderungen ein zweites Mal. Zugleich wurde der Regional-Hausbau GmbH von Heinz-Hermann Meermann, die ihr Angebot von 12 auf 12,5 Millionen DM erhöht hatte, der Zuschlag zum Kauf des Grundstückes Albrechtstraße 9/10 erteilt. Meermann erklärte sich außerdem bereit, die erste Rate von 5 Millionen DM binnen einer Woche nach Antrag auf Grundschuldbestellung zu zahlen. Die Restsumme sollte in zwei weiteren Teilzahlungen zum Ende des Jahres und zum 30. Juni 1998 erfolgen.

Damit eröffnete sich wieder eine wirtschaftliche Perspektive. Dass dies nur um den Preis des Grundstücksverlustes möglich gewesen war, hatte, abgesehen von hausgemachten Problemen, aber in erster Linie mit 40 Jahren DDR-Misswirtschaft zu tun.

Zum Jahresende ging Pfarrer Johannes Hildebrandt in Pension. Obwohl er die Amtsgeschäfte in der Stiftung noch bis zur Einsetzung des neuen Pfarrers wahrnahm, stand sein Ausscheiden nach fast drei Jahrzehnten engagierter Tätigkeit unmittelbar bevor. Nicht nur dem Vorstand dürfte der Abschied schwer gefallen sein. Ralf Weller, aus dem Stiftungsgebiet verzogen, legte ebenfalls sein Amt satzungsgemäß nieder.

Die Konsolidierung

Auf der ersten Vorstandssitzung 1998 stand das Thema Mieterhöhungen auf der Tagesordnung. Dem Wunsch einiger Vorstandsmitglieder nach sozialverträglichen Mieten stellte sich die Notwendigkeit einer ausgeglichenen Haushaltsführung und Gewinnerwirtschaftung für den Stiftungszweck entgegen. Erhöhungen grundsätzlich zustimmend, behielt sich der Vorstand vor, Einzelfallentscheidungen treffen zu können.

Von Beate Kratochwil wiederholt angemahnt, wurde auf der Sitzung im April eingehend die künftige karitative Arbeit der Stiftung mit den sich daraus ergebenden Personalfragen beraten. Der Vorstand beschloss, vorerst die Zahl der Unterstützungsempfängerinnen wie auch die im Vorjahr festgelegten Zuwendungen in Höhe von 100 bis 500 DM beizubehalten. Um sich aber eine genauere Übersicht zu verschaffen, erging an das Stiftungsbüro der Auftrag, die soziale Lage jener Frauen zu untersuchen, die Renten unterhalb von 1.000 DM erhielten. Angeregt wurde darüber hinaus, die Folgen der anstehenden Neuorganisation von Kirchengemeinden im Stiftungsgebiet mit dem Konsistorium abzuklären. Zu berücksichtigen waren in diesem Zusammenhang sowohl Änderungen in der Stiftungssatzung als auch Fragen danach, »ob und ggf. in welchem Umfang eine mögliche Neuorientierung der karitativen Tätigkeit der Stiftung durch den Satzungsrahmen gedeckt ist (Stichworte: »Neue Armut« und Einbeziehung Bedürftiger anderer Konfessionen).«[163]

Dass solche Kernpunkte der Stiftungsarbeit wieder in den Vordergrund rückten, verdankte sich der allmählichen finanziellen Konsolidierung, die durch den Verkauf des Grundstückes Albrechtstraße 9/10 eingeleitet worden war. Gleichwohl wies auch noch einmal der neue Steuerberater der Stiftung, Gert Behrens, auf das gravierende Missverhältnis »zwischen dem Vermögen der Stiftung und den satzungsgemäßen Ausgaben hin. Sofern sich hier Änderungen nicht erreichen ließen, sei die Gemeinnützigkeit gefährdet.«[164]

Im Juni konnte Pfarrer Hartmut Scheel, der die Nachfolge von Johannes Hildebrandt in der Sophiengemeinde angetreten hatte, als geistlicher Kurator in der Stif-

Blick vom Bahnhof zum Schiffbauerdamm 8

tung begrüßt werden. In einem weiteren Tagesordnungspunkt der Sitzung erörterte der Vorstand die Vergrößerung des Kreises der Koepjohannitinnen sowie die geplante Erweiterung des Satzungsgebietes. Sechs Frauen wurden als Unterstützungsempfängerinnen neu aufgenommen.

Einen sichtbaren Fortschritt im Baugeschehen stellte das Richtfest für den Dachausbau und die Wiederherstellung des Eckturmes Schiffbauerdamm 8, Albrechtstraße 13 dar, das am 7. Oktober stattfand. Der Jahresabschluss wies allerdings mit rund 800.000 DM noch immer einen hohen Fehlbetrag auf.

Am 1. Januar 1999 fusionierten die sechs Kirchengemeinden Elisabeth, Philippus-Apostel und St. Johannes-Evangelist sowie Golgatha, Sophien und Zion, von denen jedoch nur die drei letzteren Bestand hatten, zur Evangelischen Kirchengemeinde Sophien. Damit konnten auch diese Pfarrer in den Vorstand der Stiftung gewählt werden.

Infolge einer Erkrankung musste Rüdiger Schenk im März seine Tätigkeit für die Stiftung beenden. Der Vorstand erweiterte Siegfried Kleimeiers Beratervertrag und übertrug ihm die Ermittlung und Projektierung künftiger Baumaßnahmen wie auch die Beratungsdienstleistung in Vermietungsfragen und Vorstandsangelegenheiten. Die Stelle für Bürokoordination und Sozialmanagement wurde mit Ute Spaseska be-

Weihnachtsfeier im Hotel Albrechtshof 2009

setzt. Einen neuen Dreijahresauftrag für die Verwaltung und Betreuung der Häuser erhielt die Haus- und Wohnungsverwaltung Spandauer Vorstadt HAWO von Wolf-Dieter Schellig.

Als Nachfolgerin von Ralf Weller rückte im Juni die Kinder- und Jugendpsychiaterin Dr. Heike Bernhardt im Vorstand nach. Peter Reddig schied nach 15-jähriger Tätigkeit aus. Für ihn wurde auf der Sitzung im August einstimmig Lothar de Maizière gewählt, der nach 1988–90 eine zweite Amtszeit antrat.

Aufgrund einer Androhung des Finanzamtes, der Stiftung die Gemeinnützigkeit zu entziehen, beschloss der Vorstand, eine neuerliche Satzungsänderung mit Blick auf das Stiftungsgebiet vorzunehmen. Dieses sollte angepasst werden »an den sog. ›Südverbund‹, dessen Name noch offen ist […] und der praktisch die Rechtsnachfolge der Sophiengemeinde antritt. Dies ist im Sinne des Stifters, da zu dessen Zeit das Gebiet der Spandauer Vorstadt praktisch identisch mit der Sophiengemeinde war.«[165] Drei bedürftige Frauen erhielten außerdem die Zulassung zum Versorgungswerk.

Auf der nächsten Sitzung erging darüber hinaus an Dr. Heike Bernhardt der Auftrag »über die Situation von Waisen im Satzungsgebiet zu recherchieren.«[166] Im Ergebnis davon wurde im Oktober beschlossen, das »Klik«, das sich um Kinder und Jugendliche kümmert, die auf der Straße leben, zu Weihnachten mit einer Sachspen-

Hof Albrechtstraße 16

de von 2.000 DM zu unterstützen. Da aber zum Jahresende der Senat seine Förderung für die Einrichtung einstellte und deren Zukunft offen stand, entschied der Vorstand alternativ, die Summe für den Ausbau des Spielplatzes in der Rosenthaler Straße bereitzustellen. Außerdem wurde ein Waisenkind mit einer einmaligen Zahlung in Höhe von 400 DM bedacht.

Neben der Weihnachtsfeier, die, wie schon in den beiden Vorjahren, im Hotel Albrechtshof stattfand, konnte den Koepjohannitinnen zusätzlich eine Fahrt durch das weihnachtlich erleuchtete Berlin geboten werden. Bereits im Juni waren sowohl die Dampferfahrt als auch eine Fahrt nach Lobetal veranstaltet worden.

Die finanzielle Jahresbilanz wies bei Einnahmen von 7,3 Millionen (einschließlich der letzten Rate für den Verkauf des Grundstückes Albrechtstraße 9/10) und Ausgaben von 2,8 Millionen DM nach 1991 wieder einen Gewinn aus, der sich auf rund 4,5 Millionen DM belief. Auch in der Bautätigkeit waren Fortschritte zu verzeichnen gewesen. So wurde die Sandsteinsanierung am Haus Schiffbauerdamm 8 abgeschlossen, der denkmalgeschützte Hof nach Überprüfung und Reparatur der Grundleitungen und Schächte für die Hausanschlüsse neu bepflanzt sowie »die Brunnen für die Höfe Albrechtstraße 15 und 16 ausgewählt und beauftragt. Die ausführenden Künstler sind Herr Jörg Steinert und Herr Joachim Karbe.«[167]

Für die Errichtung der Brunnen hatten die Meermann-Immobilien im Dezember 40.000 DM gespendet.

Im März 2000 versammelte sich der Vorstand zu einer Klausurtagung im Hotel Dietrich-Bonhoeffer-Haus. Drei Themenblöcke – Bestandsaufnahme, Erfüllung des Stiftungszwecks und Organisatorische Umsetzung – standen auf der Tagesordnung. Zu Beginn gab Siegfried Kleimeier, der die Tagung moderierte, einen Überblick über die wirtschaftliche Situation der Stiftung: »Mit den vermieteten Gewerbe- und Wohnflächen von circa 11.650 m² werden im laufenden Jahr Mieteinnahmen von rund 2,4 Millionen DM erzielt. Der Verkehrswert der Immobilien beträgt 36 bis 42 Millionen DM. Seit 1991 hat die Stiftung rund 30 Millionen DM in die Häuser investiert, wobei in den kommenden Jahren bis 2003 noch Investitionen von rund 300.000 DM geplant sind. Insgesamt mussten Kredite von 20,3 Millionen DM aufgenommen werden. Der Kapitalaufwand zur Bedienung der Kredite liegt bei 1,54 jährlich (das entspricht circa 50 Prozent der Nettokaltmieten). Das Stiftungsvermögen beträgt 13,5 Millionen DM. Für 2000 ist zur Erfüllung des Stiftungszwecks eine Ausschüttung von 200.000 DM vorgesehen. Perspektivisch können rund 330.000 bis 400.000 DM für den Stiftungszweck aufgewandt werden (dies entspräche 2,5 Prozent des Stiftungsvermögens). Dabei soll der Aufwand für die Personalausgaben von derzeit rund 195.000 auf 135.000 DM gesenkt werden.«[168]

Was den zweiten Themenschwerpunkt, die Erfüllung des Stiftungszwecks, anging, bestand im Vorstand Einigkeit darüber, dass die aktuelle Satzung mit ihrer Beschränkung auf das Gebiet der Spandauer Vorstadt das größte Problem darstellte. Durch den demographischen Wandel im Viertel, einhergehend mit der Verdrängung sozial Schwächerer, verlor die Stiftung ihre Schutzbefohlenen. Der Vorstand beschloss neben der Betreuung der Koepjohannitinnen »die Durchführung eigener Hilfsprojekte und -angebote sowie die Unterstützung ›fremder‹ Projekte in Form von Zuschüssen oder Darlehen. Die Ideen zur Projektarbeit sollen weiterentwickelt werden.«[169]

Hinsichtlich der Neuorganisation der Stiftungsverwaltung wurde im Mai festgelegt, mit der Stattbau GmbH und ihrem Geschäftsführer Kleimeier einen »Geschäftsbesorgungsvertrag« abzuschließen, der alle Aufgabenfelder mit Ausnahme der Hausverwaltung abdecken und die Geschäftsführerin der Stiftung, Ute Spaseska, fachlich beaufsichtigen sollte.

Auf der Sitzung ebenfalls diskutiert und verabschiedet wurden Entwürfe zur Änderung jener Satzungsparagraphen, die den Stiftungszweck und die Zusammensetzung des Vorstandes betrafen. Die Neufassung des letzteren sah vor, dass dem Vorstand jeweils ein Pfarrer aus der Evangelischen Kirchengemeinde Sophien, vorgeschlagen vom Gemeindekirchenrat, und ein vom Konsistorium benannter Geistlicher angehören sollten. Dazu fünf Laienkuratoren aus der Gemeinde.

Im September führte die nochmals geänderte Entwurfsfassung zu einer kontroversen Debatte. Stein des Anstoßes war die Zahl der Laien, von denen drei – und mithin die Mehrheit – ihren Wohnsitz nicht mehr im Satzungsgebiet zu haben brauchten. Dadurch sollte es ermöglicht werden, sachkompetente Personen auch von außerhalb in den Stiftungsvorstand zu wählen. Pfarrer Scheel sah hierin eine unzulässige Veränderung der Satzung, die seiner Meinung nach nicht mit dem erklärten Willen des Stifters vereinbar war. Aus Protest legte er zwei Monate später sein Vorstandsmandat nieder.

Unabhängig von den internen Querelen erbrachte die Jahresbilanz erneut einen Gewinn, der mit 30.500 DM zwar deutlich geringer ausfiel, aber erstmals wieder aus der Bewirtschaftung der Stiftungshäuser selbst resultierte, während das Vorjahresplus allein durch den Eingang der letzten Teilrate für das verkaufte Grundstück Albrechtstraße 9/10 zustande gekommen war.

Auf der ersten Sitzung 2001 befasste sich der Vorstand mit den Zuwendungsempfängerinnen und der Betreuung sozialer Projekte. Festgelegt wurde, für die Koepjohannitinnen insgesamt einen Betrag in Höhe von 35.000 DM bereitzustellen. Unterstützungen von je 12.000 DM waren für den Abenteuerspielplatz »Stadt der Kinder« in der Rosenthaler Straße und das von Ursula Wünsch in der Mulackstraße begründete Kunstwerkstattprojekt für Kinder »Wünsch dir was« vorgesehen. Die Sozialberatungsstelle Tieckstraße und »Evas Arche« erhielten Zuschüsse von jeweils 6.000 DM.

Ein weiterer Beschluss galt dem Beitritt zum Bundesverband Deutscher Stiftungen, der zum Januar des kommenden Jahres vollzogen werden sollte.

Im Mai stellte sich Jan Fiedler als neuer Rechtsberater der Stiftung vor. Der Grafiker Dieter Wendland präsentierte seine Entwürfe für die Öffentlichkeitsarbeit und das Stiftungslogo. An Dr. Wolfgang Krogel vom Evangelischen Zentralarchiv, ebenfalls Gast der Vorstandssitzung, wurde die Bitte herangetragen, »wertvolle historische Dokumente der Stiftung ins kirchliche Zentralarchiv zu überführen, damit sie angemessen gelagert werden, um ihre Lebensdauer zu verlängern«.[170]

Nachdem das Finanzamt für Körperschaften den im Vorjahr vorgenommen Änderungen der Satzung grundsätzlich zugestimmt hatte, musste im Juni noch eine geforderte Ergänzung angefügt werden. Sie betraf die Verwendung der Mittel ausschließlich für satzungsgemäße Zwecke. Nach Hinweisen und Vorschlägen der Stiftungsaufsicht wurden weitere kleinere Korrekturen an der Neufassung nötig.

Mit der befristeten Anstellung von Olga G. Konyeva, die für die AG »Zwangsarbeit in der Kirche« tätig war, übernahm die Stiftung im September ein zusätzliches Förderprojekt. Auch der Deposital-Vertrag mit dem Evangelischen Landeskirchlichen Archiv Berlin-Brandenburg konnte abgeschlossen werden.

Im Oktober fanden die Neuwahlen zum Vorstand statt. Der Gemeindekirchenrat hatte zwei Geistliche vorgeschlagen, unter denen Frank Grützmann von der Golgatha-Kirche die meisten Stimmen erhielt. Martin-Michael Passauer, Beate Kratochwil, Matthias Guhl und Henner Witt wurden für eine erneute Amtszeit bestätigt. Die Wahl des neuen Vorsitzenden erfolgte einen Monat später. Sie fiel auf Generalsuperintendent Passauer.

Auf der letzten Jahressitzung berichtete Dr. Bernhardt darüber, dass vom Sozialausschuss sechs Frauen neu als Koepjohannitinnen aufgenommen worden seien. Für die Evangelische Schule Mitte habe man rückwirkend Mittel für das Schulgeld von drei bedürftigen Schülern und für das Obdachlosenprojekt »Klik« Sachmittel in Höhe von 4.000 DM bereitgestellt. »Der Vorstand nimmt diese Entscheidungen zustimmend zur Kenntnis. Außerdem wird Frau Bernhardt beauftragt, bei ihrem Besuch des indischen Waisenheims »Christ Faith Home for Children« in Chennai Frau Maida Raja, Leiterin des Heims und ›Ehrenkoepjohannitin‹, 2.000 DM als Sachmittel zu überbringen.«[171]

Das Geschäftsjahr ging abermals mit einer positiven Bilanz zu Ende. Der Gewinn belief sich auf 43.000 DM bei Einnahmen von 3,176 Millionen und Ausgaben von 3,133 Millionen DM. Für Stiftungszwecke konnten 68.000 DM bereitgestellt werden.

Zu den Sorgen des Jahres 2002 gehörte die nach wie vor schwelende Auseinandersetzung der Stiftung mit dem GKR, der die Wahlen vom Herbst nicht anerkannte und darauf bestand, den Vorstand ausschließlich mit Pfarrern und Laien aus der Gemeinde zu besetzen.

Probleme finanzieller Art ergaben sich aus der Mietentwicklung in den Stiftungshäusern, die nicht zuletzt durch den Zusammenbruch der New Economy im Jahr 2000 weniger günstig verlaufen war als erwartet. Verluste von ca. 95.000 DM schlugen zu Buche. Zwar hatten die Mieteinnahmen erhöht werden können, ihnen aber standen beträchtliche Abschreibungen von Mietforderungen und neuerliche Instandhaltungsaufgaben gegenüber. Die Umstellung der D-Mark auf den EURO, verbunden mit Kaufzurückhaltung der Bevölkerung, verschärfte nicht nur die allgemeine wirtschaftliche Lage, sondern auch die der Stiftung. Das Geschäftsjahr schloss mit einem Minus von rund 16.000 EUR.

Zur positiven Bilanz zählte die Aufnahme von 16 Frauen aus der Golgatha-Gemeinde in das Versorgungswerk der Stiftung. Neu gestaffelt worden waren die Unterstützungssätze. Frauen mit einem Einkommen bis 650 € erhielten nun statt 400 DM 250 €; für Einkommen bis 1.000 und 1.300 € beliefen sich die Beihilfen auf 205 € bzw. 100 €. Der Vorstand legte darüber hinaus fest, die Zahl der Koepjohannitinnen auf 70 zu begrenzen.

Außerdem wurde für eine bedürftige Musikstudentin bis zur Abschlussprüfung die Miete im Johanneum übernommen und ein junger Mann im Rahmen seines Examensabschlusses mit einer einmaligen Zuwendung von 500 € bedacht. Erstmals erfuhr auch das Interkulturelle Frauenprojekt S.U.S.I. eine finanzielle Unterstützung durch die Stiftung. Für das »Christ Faith Home for Children« in Chennai richtete die Stiftung ein Spendenkonto ein und finanzierte einen Flyer zur Einwerbung von Spenden.

Auch 2003 sollte das Thema Mietrückstände die Vorstandssitzungen begleiten. Im Juni gab Hausverwalter Wolf-Dieter Schellig dazu einen Überblick, aus dem hervorging, dass sich die Mietforderungen aus dem laufenden Jahr auf rund 46.000 € beliefen. Die Jahresbilanz schloss denn auch mit einem Verlust von ca. 73.000 €.

Für Stiftungszwecke wurden rund 52.000 € aufgewendet. Mit den Koepjohannitinnen wurden neben Dampferfahrt und Adventsfeier eine Schlösser-Rundfahrt, eine Fahrt nach Lobetal und eine Lichterfahrt veranstaltet. Für Betreuer und Jugendliche des »Klik« gab es im September eine Dampferfahrt, an der auch Jugendliche aus Sophien teilnahmen. Zum Stiftungstag im Roten Rathaus präsentierte sich die Stiftung erstmals mit einem Informationsstand.

Bereits die ersten Sitzungen 2004 galten den leidigen Mietausfällen und -rückständen. Als Ursache benannte Hausverwalter Schellig die Insolvenzen privater wie auch gewerblicher Mieter. Der Vorstand schlug für die Zukunft eine realistischere Wirtschaftsplanung vor, die das Mietausfallwagnis höher und das Spendenaufkommen niedriger einstuft. Des Weiteren wurde beschlossen, den Bau- und Finanzausschuss zusammenzulegen, da sich ohnehin beide mit Finanzen beschäftigten.

Im September fanden Bewerbungsgespräche für die Vergabe des Werkvertrages zur Planung eines stiftungseigenen Besuchsdienstes in Pflegeheimen statt. Der Vorstand entschied sich für Eva-Maria Scheel.

Nach drei Jahren mit Verlusten konnte wieder eine ausgeglichene Bilanz vorgewiesen werden. Die Einnahmen betrugen ca. 1.506.000 €, die Ausgaben 1.406.000 €. Für Stiftungszwecke waren rund 71.000 € zur Verfügung gestellt worden.

Im Januar 2005 stand eine personelle Veränderung an. Pfarrer Frank Grützmann hatte die Geschäftsführung in der Kirchengemeinde Sophien übernommen und legte deshalb sein Amt in der Stiftung nieder. Für ihn rückte die vom GKR vorgeschlagene Pfarrerin Anneli Freund nach.

Im Rahmen der Jahresplanung wurden für das Besuchsdienstprojekt 20.000 €, für die Unterstützung und Betreuung der Koepjohannitinnen 23.000 €, für das »Klik«, das neue Räume in der Torstraße 205–207 bezogen hatte, 15.000 €, für das Projekt von Ursula Wünsch 6.000 € und für alle übrigen Projekte 10.000 € vorgesehen.

Beim Aufbau des Besuchsdienstes konnte Eva-Maria Scheel bereits auf der Vorstandssitzung im April von Fortschritten in der Arbeit und regem Interesse berichten. Hier plante man, die für das Projekt ehrenamtlich Tätigen in drei Gruppen aufzuteilen, von denen die eine Gruppe Pflegebedürftige zu Hause besucht, die zweite Gruppe Aktivitäten in Heimen organisiert und die dritte Gruppe einen noch zu gründenden Frauenkreis im Begegnungszentrum der Sophiengemeinde betreut.

Im Juni nahm die Stiftung mit einem Stand am Berliner Seniorentag teil und trat im selben Monat dem Berliner Landesnetzwerk für Bürgerschaftliches Engagement bei. Ebenfalls noch im Juni wurde Dr. Heike Bernhardt, deren Amtszeit abgelaufen war, als Vorstandsmitglied wieder gewählt und der Beschluss gefasst, zwei Frauen als Unterstützungsempfängerinnen neu aufzunehmen.

Auf der Klausurtagung am 27. Oktober im Hotel Albrechtshof erläuterten Volker Devermann und Siegfried Kleimeier dem Vorstand die finanzielle Entwicklung der Stiftung seit 1996 und zogen das Fazit: »Die Entwicklung ist konstant. Das Ziel, etwa drei Prozent des Stiftungsvermögens für den Stiftungszweck aufzuwenden ist erreicht und dieser Anteil könne noch erhöht werden. Problematisch sind nach wie vor die Ausfälle bei den Mieteinnahmen. 2005 lagen diese erstmals unter dem eingeplanten Mietausfallwagnis. Aus den Vorjahren sind aber immer noch Forderungen von 118.000 Euro offen, von denen noch nicht absehbar ist, ob sie jemals eingebracht werden können. Die offenen Mietforderungen aus 2005 sind hingegen, mit einer Ausnahme, unter Kontrolle.«[172]

Als Risiken für die Einkünfte der Stiftung wurden die zurzeit fallenden Mieten, die immer noch hohen Mietausfälle, die zu tätigenden Investitionen sowie mögliche Zinserhöhungen angesehen.

Der Jahresabschluss erbrachte dennoch einen Gewinn von rund 10.000 €. Noch im November waren zwei bedürftige Frauen neu zu den Unterstützungsleistungen zugelassen worden.

»Ein Schiff bringt Hilfe«

Zu den Problemen, mit denen sich der Vorstand auch 2006 beschäftigen musste, gehörten die Mietrückstände. Volker Devermann schlug vor, diese auszubuchen, da sie sich in etwa mit dem eingeplanten Mietausfallwagnis deckten. Zur Umschuldung der Kredite, deren Tilgungen die Stiftungsfinanzen belasteten, vermeldete er, dass es gelungen sei, ca. 10.000 € Zinsen im Quartal zu sparen, »weitere 10.000 € werden für eine Sondertilgung in 2009 angespart. Die Zinsen sind jetzt bis 2015 überschaubar.

Ostseefahrt des »Klik« 2006

Wie die für die Sondertilgung angesparten 40.000 € pro Jahr angelegt werden sollen, ist noch nicht entschieden.«[173]

Der im Juni von Steuerprüfer Karl Fietzek vorgelegte Prüfbericht für 2005 zeigte, dass sich das Eigenkapital der Stiftung erhöht hatte. Allerdings blieb der Anteil der Zinsen an den Mieteinnahmen mit 63 Prozent immer noch unverhältnismäßig hoch. Positiv stellte sich die Entwicklung der Aufwendungen für den Stiftungszweck dar, die um 13 %, von 71.000 € im Vorjahr, auf 80.400 € gestiegen waren.

Auf der zweitägigen Klausurtagung im September setzte sich der Vorstand mit dem nach wie vor schwierigen Verhältnis zwischen der Stiftung und dem GKR auseinander. Im Rahmen der Projektwerkstatt wurden alsdann Ideen für die weitere Stiftungsarbeit entwickelt. Eva-Maria Scheel hielt einen Mobilitätsdienst für unerlässlich, um die Senioren zu den Veranstaltungen abholen zu können. Von Beate Kratochwil kam der Vorschlag, im leer stehenden Souterrain des Hauses Albrechtstraße 15 ein Obdachlosencafé bzw. eine Übernachtungsmöglichkeit für obdachlose Frauen einzurichten. Dr. Behrendt setzte sich für ein Spielmobil ein, um Kindern im Stiftungsgebiet einen Raum zur Entfaltung zu bieten. Siegfried Kleimeier schließlich regte an, die Tradition Koepjohanns weiterzuführen und ein Schiff für die Stiftung bauen zu lassen. Diese »soll in diesem Fall als ›Sozialreederei‹ auftreten. Es könnte einen Mix aus geförderten Fahrten für Bedürftige und kommerziellen Fahrten geben.«[174]

Auf der Vorstandssitzung im November wurden drei der Vorschläge, der Mobilitätsdienst, das Obdachlosencafé und das Schiffsprojekt, favorisiert.

Mit den Planungen zum Schiffsprojekt befasste sich der Vorstand sogleich im Januar 2007. Haftungsrechtliche Fragen sowie die nach einem Anlieger und einer Liegestelle bedurften zuvor der Klärung. Das Wasser- und Schiffbauamt hatte jedoch schon 1995 einen Antrag der Stiftung auf eine Anlegestelle am Schiffbauerdamm abgewiesen. Nicht zuletzt daran, dass kein geeigneter Liegeplatz gefunden werden konnte, sollte das Projekt scheitern. »Ein Schiff bringt Hilfe« blieb dennoch das verpflichtende Motto in der Stiftungsarbeit.

An der Vorstandssitzung im April nahm unter Leitung von Superintendent Lothar Wittkopf eine Visitationskommission des Kirchenkreises teil, die sich ein Bild zu machen suchte vom Dauerkonflikt zwischen dem GKR und der Stiftung. Da Pfarrerin Freund, die eine Stelle in Süddeutschland angetreten hatte, inzwischen aus dem Vorstand ausgeschieden war, fand der GKR seine Position in der Stiftung geschwächt. Es ging aber wohl auch um persönliche Verletzungen.

Im Mai wandten sich die Laienvorständler – Dr. Bernhardt, Guhl, Kratochwil und Witt – in einem sehr persönlichen Schreiben an die Visitationskommission und machten ihrem Ärger Luft darüber, dass ihre Entscheidungen so gering geachtet würden und niemand danach frage, ob nicht auch sie verletzt seien und sich in ihrem Engagement behindert fühlen könnten. Die Kommission wurde beschworen, »das Feuer in diesem Streit auszutreten und nicht immer wieder die glimmenden Funken anzufachen«. Dem Brief angefügt sind die Worte: »Was uns manchmal tröstet, dass es auch früher und in der Kirche an vielen Orten solche und ähnliche Querelen gab, wir leben eben noch nicht im Reich Gottes, wir müssen mit unserer Unvollkommenheit unsere Arbeit tun.«[175]

Das Jahr hielt allerdings nicht nur Ärger bereit. Im Juni wurde beschlossen, eine geplante Rüstfahrt von Kindern der Gemeinde mit bis zu 400 € zu bezuschussen und allen Frauen, die als Zuwendungsempfängerinnen vorgeschlagen worden waren, ins Versorgungswerk der Stiftung aufzunehmen, »auch wenn dadurch die ursprünglich geplante maximale Anzahl von 70 Koepjohannitinnen geringfügig überschritten wird.«[176]

Im Juli fanden Vorstandswahlen statt, weil im Herbst die Mandate von Matthias Guhl, Beate Kratochwil und Henner Witt endeten. Alle drei wurden bestätigt. Als Nachfolgerin für Lothar de Maizière rückte die Medizinerin Rosemarie Dittrich nach. Generalsuperintendent Passauer trat erneut den Vorsitz an. Die Wahl für die kommissarisch zu besetzende Stelle des stellvertretenden Vorsitzes fiel auf Beate Kratochwil.

Restaurant StäV (Ständige Vertretung)

Von der Feier zum 10-jährigen Bestehen des Restaurants »StäV« leiteten die Betreiber Friedel Drautzburg und Harald Grunert, wie zuvor angekündigt, die Eintrittsgelder als Spende an die Stiftung weiter. Es handelte sich um 14.227,50 €. Dagegen erfüllten die Spendeneinnahmen auf dem »Freiwilligentag« die Erwartungen nicht. Mit Blick auf die Öffentlichkeitsarbeit der Stiftung durfte die Veranstaltung dennoch als Erfolg gewertet werden, »weil sowohl der Bezirksbürgermeister Dr. Hanke als auch die Senatorin Fr. Knake-Werner den Stand besuchten und auch die Presse (Tagesspiegel) vom Stand berichtete«.[177]

Irritationen löste eine Entscheidung des Konsistoriums aus, das von den im Juli gewählten Mandatsträgern nur einen bestätigt hatte. Der Vorsitzende Passauer und Rechtsanwalt Fiedler erhielten den Auftrag, der Frage nachzugehen, ob es eines Pfarrers von Sophien im Vorstand bedürfe, um beschlussfähig zu sein.

2008 wurde Pfarrerin Eva-Maria Menard aus der Teilgemeinde Zion in den Vorstand entsandt, sodass im Juni die erforderliche Wahlwiederholung stattfinden konnte. Am Ergebnis änderte sich nichts. Martin-Michael Passauer betreffend, dessen Mandat Anfang August endete, hatte das Konsistorium zugestimmt, ihn bis zur Wahl eines Nachfolgers im Amt zu belassen. Eine Neuregelung erfuhr die Geschäftsführung, die Siegfried Kleimeier übernahm.

Frauentreffpunkt Sophie

Die wirtschaftliche Entwicklung der Stiftung verlief weiterhin positiv. Da die Sanierungs- und Instandsetzungskosten rückläufig waren, ergab sich ein Jahresüberschuss von 146.698,08 €. Die »Zweckerfüllungsausgaben« der Stiftung, einschließlich der Beträge und Veranstaltungen für die Koepjohannitinnen sowie der Pflege des Stiftergrabes beliefen sich auf 49.248,66 €. Drei Frauen konnten 2008 neu in den Kreis Zuwendungsempfängerinnen aufgenommen werden.

Als Nachfolger für den langjährigen Vorsitzenden Passauer stellte sich im November der Theologe Dr. Philipp Enger vor. Der 40-Jährige, als ehrenamtlicher Pfarrer an Sophien und als Studienleiter im Amt für Kirchliche Dienste tätig, erhielt vom Vorstand einstimmig das Vertrauen.

Im Januar 2009 wurde Pfarrerin Menard zur neuen Vorsitzenden gewählt und Dr. Enger zum stellvertretenden Vorsitzenden. Mit herzlichem Dank und großer Anerkennung verabschiedete der Vorstand sein langjähriges Mitglied Martin-Michael Passauer, der nach 25 Jahren Einsatz für die Stiftung in den Ruhestand ging.

Der Wirtschaftplan sah vor, Zuschüsse für »Evas Arche«, einen Nothilfefonds von 800 € und einen Betrag von 1.981,20 € für die Arbeit mit polnischen Frauen beinhaltend, zu gewähren. Für das Projekt »Wünsch dir was« standen ein Materialzuschuss von 1.000 € und für das »Klik« Mittel von 15.000 € zur Verfügung.

Beschlossen wurde ferner, für das von der Diakonissen-Schwesternschaft Betheseda e. V. ins Leben gerufene Patenschaftsprojekt »Kinder in die Mitte« neuerlich eine Dampferfahrt zu organisieren und den Mittagstisch der Einrichtung künftig mit Lebensmitteleinkäufen zu unterstützen.

Auf der Sitzung im März berichtete Volker Devermann, »dass die Liquidität der Stiftung sich zwischen 300.000 und 400.000 € bewegt. Es wäre daher ohne weiteres möglich, eine Sondertilgung in Höhe von 100.000 € zu leisten, wenn die Stiftung sich mit den betreffenden Banken über die Konditionen einig wird. Ein sehr zu begrüßender Effekt wäre eine geringere Zinsbelastung.«[178]

Da die Zahl der Koepjohannitinnen inzwischen auf 66 gesunken war, wurde der Beschluss gefasst, 3 Frauen neu aufzunehmen.

Im November konnte der Frauentreff »Sophie« im umgebauten Souterrain Albrechtstraße 15 eröffnet werden. Als Schutz- und Ruheraum sowie als Anlauf- und Beratungsstelle für obdachlose Frauen, Migrantinnen, Studentinnen und Hartz IV-Empfängerinnen stellte es neben dem Besuchsdienst das zweite eigene Projekt der Stiftung dar. Die Leitung wurde Miriam Ramos Ortiz übertragen.

Die letzte Sitzung im zu Ende gehenden Jahr widmete sich noch einmal der Unterstützung von Fremdprojekten. Für das »Klik« wurden Beihilfen von jeweils 15.000 € in den nächsten drei Jahren und dem interkulturellen Frauenprojekt »S.U.S.I.« eine Zuwendung von 1.511,20 € für die Weiterführung der bereits in 2009 geförderten Vorhaben bewilligt. Den Antrag der Gemeinde Bötzow auf eine Beihilfe zur laufenden Sanierung ihrer Kirche, der Taufkirche von Koepjohanns Frau, nahm der Vorstand wohlwollend zur Kenntnis.

Nach zwei Jahrzehnten angestrengter Instandsetzungs- und Modernisierungsmaßnahmen, deren Finanzierung zeitweilig Existenz bedrohende Formen angenommen hatte, war die Stiftung wieder uneingeschränkt in der Lage, ihren Zweck zu erfüllen. Mit Blick auf das Baugeschehen konnte Geschäftsführer Kleimeier vermelden, »dass es keine Vorkommnisse gibt, die dringend mitzuteilen wären«.[179] Auch die Mieteinkünfte erwiesen sich als stabil und betrugen rund 1.247.000 €. Für das kommende Jahr wurden Einnahmen von ca. 1.254.000 € erwartet.

Als zunehmend problematisch stellte sich allerdings die Suche nach neuen Koepjohannitinnen im Stiftungsgebiet dar, dass sich endgültig zur bevorzugten Wohngegend gut verdienender Schichten entwickelt hatte. Der Vorstand beauftragte Beate Kratochwil, der Gemeinde und dem GKR noch einmal die Kriterien für eine Zulassung zum Versorgungswerk darzulegen und über das Register eine systematische Suche vorzunehmen.

Ins Auge gefasst wurde zugleich ein neues, ehrgeiziges Vorhaben. Da Sophien beabsichtigte das ehemalige Pfarrhaus der Golgatha-Gemeinde in der Tieckstraße 17 in Erbpacht für eine diakonische bzw. sonstige soziale Nutzung zu vergeben, beschloss der Vorstand, Interesse am Erwerb des Hauses zu bekunden und in Verhandlungen mit dem Kirchlichen Verwaltungsamt zu treten. Im Oktober lag ein Grobkonzept für die Nutzung des Gebäudes durch den Träger »Tannenhof e. V.« als Wohnprojekt suchtkranker allein erziehender Mütter vor.

Für das neue Jahr in die Planungen einbezogen wurde neben bereits unterstützten Projekten auch das bislang allein vom Diakonischen Werk getragene Projekt »Vergiss mich nicht« für Kinder von Suchtkranken. Darüber hinaus war an eine Ausweitung der Zusammenarbeit mit dem Projekt »Känguru« zur Betreuung von Eltern mit Säuglingen und Kleinkindern bis zum 3. Lebensjahr gedacht. An die Geschäftsführung erging der Auftrag, mit der Leiterin Constanze Meyne einen entsprechenden Arbeitsvertrag abzuschließen.

Bei Gesamteinnahmen von 1.650.790,40 € und Ausgaben von 1.441.786,01 € wurde ein Jahresüberschuss von 209.004,39 € erzielt. So konnte 2011 für den Stiftungszweck wie auch für die dafür erforderlichen Personalkosten und die Öffentlichkeitsarbeit ein Betrag von 200.800 € aufgewendet werden.

Der Tätigkeitsbericht hält fest, dass 78 Koepjojannitinnen, davon 8 neu aufgenommene, mit Beihilfen von insgesamt 13.610 € unterstützt wurden. Neben der traditionellen Dampferfahrt und der Adventsfeier waren im Frühsommer eine Bustour nach Bad Saarow und im Dezember eine Lichterfahrt veranstaltet worden.

Vom stiftungseigenen Besuchsdienst wurden 60 alleinstehende und pflegebedürftige ältere Menschen betreut. 267 Frauen hatten seit der Gründung vor zweieinhalb Jahren die Angebote des Frauentreffs »Sophie« wahrgenommen. Von dem nun ebenfalls in der Stiftung angesiedelten Projekt »Känguru« wurden insgesamt 34 Familien begleitet und unterstützt.

Zu den weiterhin finanziell geförderten Fremdprojekten zählten das »Klik« (15.300 €), »S.U.S.I.« (1.511 €, zuzüglich Fahrtkosten für drei Honorarberaterinnen), der Verein »Kinder in die Mitte« (11.000 €) und das Patenschaftsprojekt »Vergiss mich nicht« (5.000 €). Auch »Evas Arche« erhielt wiederum Zuschüsse (Nothilfefonds: 800 €, Deutschkurs für polnische Frauen: 1.981,20 €, Projekt »Allein erziehend – aber nicht allein«: 5.000 €).

Hinsichtlich des Hauses Tieckstraße hatte Pfarrerin Menard im September berichten können, dass es im GKR ein eindeutiges Votum ohne Gegenstimmen für den Verkauf des Gebäudes an die Stiftung zu den angebotenen Konditionen gegeben habe. Das eröffnete dem Vorstand, nunmehr konkrete Entscheidungen zu treffen.

Am Jahresende schied Dr. Heike Bernhard aus dem Stiftungsvorstand aus. Die Nachfolge trat der Architekt Sven Aumann an.

Stiftungstag 2012

Bedingt durch größere Baumaßnahmen in den Stiftungshäusern, ergab sich Ende des Jahres ein finanzieller Verlust. Er belief sich auf 177.696,13 €, konnte aber durch den Überschuss des Vorjahres vollständig aufgefangen werden.

2012 wurde abermals eine personelle Veränderung nötig. Nach 18-jähriger Vorstandstätigkeit, während derer er die Geschicke der Stiftung nach der Wende mitgeprägt hatte, schied Henner Witt im Juni aus. Für ihn rückte die Verwaltungsangestellte Doris Hensel nach.

Ins Stocken geraten waren mittlerweile die Bemühungen um das Frauenwohnprojekt in der Tieckstraße. Eine Regelung mit den im Haus verbliebenen Mietern stand noch aus, sodass der Abschluss des angestrebten Erbbaupachtvertrags mit der Sophiengemeinde weiterhin auf sich warten ließ.

Stattdessen zeichnete sich ein neues Vorhaben ab. Dr. Christina-Maria Bammel, seit 2008 als Pfarrerin an der Sophienkirche tätig, informierte den Vorstand im September darüber, dass die in der Großen Hamburger Straße 29 ansässige Küsterei definitiv in das neue administrative Zentrum in St. Elisabeth umziehen werde. Damit stünde nicht nur das Begegnungszentrum der Gemeinde in der Großen Hamburger Straße, sondern auch das benachbarte Küstereibüro für eine Anmietung durch die Stiftung zur Verfügung.

Eingang Schiffbauerdamm 8

Schwierigkeiten offenbar eher als Herausforderung begreifend, fasste der Vorstand Ende des Jahres den Beschluss, die Gründung des Frauenwohnhauses weiter zu verfolgen wie auch die Räumlichkeiten in der Großen Hamburger Straße für die Ansiedlung bereits bestehender und die Initiierung neuer Projekte anzumieten. Denn eines ist gewiss, Menschen in sozialer Not, die der Hilfe bedürfen, wird es weiterhin geben. Hoffnungsvoll macht, dass andere ihnen, so gut sie es vermögen, zur Seite stehen. Nicht mehr und nicht weniger hatte Johann Friedrich Koepjohann im Sinn.

Anmerkungen

1. Nach Auskunft des Bundesbeauftragten für die Unterlagen des Staatssicherheitsdienstes der ehemaligen Deutschen Demokratischen Republik, Schreiben vom 14.05.2012
2. Brandenburgisches Landeshauptarchiv in Potsdam, Rep. 10A Domkapitel Havelberg, Nr. 1552: Acta betrifft die Schiffbauergilde 1649–1737, Blatt 1–34
3. Enders, Lieselott: Die Prignitz. Geschichte einer kurmärkischen Landschaft vom 12. bis zum 18. Jahrhundert, Potsdam 2000, S. 653
4. Ranke, Leopold von: Preußische Geschichte. Herausgegeben von Willy Andreas, Essen, o. J., S. 224
5. Schmidt, Günther: Schiffe unterm Roten Adler. Mit Rissen und Zeichnungen des Autors, Bielefeld 1986, S. 13
6. Ebd., S. 37 f.
7. Grüneberg, Georg: Trauregister aus den ältesten Kirchenbüchern der Westprignitz. Von den Anfängen bis zum Jahre 1704, 3 Bde. Lenzen (Elbe) 1994–98, Bd. II., S. 254
8. Evangelisches Landeskirchliches Archiv in Berlin (ELAB), Kirchenbuchbestand Havelberg St. Laurentius, Sign. 21340, S. 52, Nr. 16
9. Ebd., S. 449, Nr. 2
10. Ebd., S. 452, Nr. 75 und Nr. 76
11. Ebd., S. 421, Nr. 64 und Nr. 66
12. Ebd., S. 461, Nr. 47
13. Ebd., S. 465, Nr. 54
14. Ebd., S. 470, Nr. 41
15. Ebd., S. 430, Nr. 2
16. Ebd., S. 430, Nr. 16
17. Ebd., S. 483, Nr. 28
18. van der Heyden, Ulrich: Rote Adler an Afrikas Küste. Die brandenburgisch-preußische Kolonie Großfriedrichsburg an der westafrikanischen Küste, Berlin 1993, S. 78 f.
19. Die Bürgerbücher und die Bürgerprotokollbücher Berlins von 1701–1750. Herausgegeben von Ernst Kaeber. Veröffentlichung der historischen Kommission für die Provinz Brandenburg und die Reichshauptstadt Berlin, I, 4, Berlin 1934, S. 15
20. Demps, Laurenz: Der Schiffbauerdamm. Ein unbekanntes Kapitel Berliner Stadtgeschichte, Berlin 1995, S. 20
21. Snethlage, Rotger Michael: Stammliste der Familie Blumberg / Blumenberg in Berlin aus Marwitz Kreis Osthavelland und weitere Namensvorkommen, SL A 6840, 3. Bearbeitung, Aachen 2002, S. 47
22. ELAB, Kirchenbuchbestand, Berlin Dorotheen, Sign. 10/5, S. 654 (ohne Nr.)
23. Die Bürgerbücher, S. 15
24. Ranke, S. 392
25. ELAB, Kirchenbuchbestand, Berlin Dorotheen, Sign. 10/5, S. 849, Nr. 123
26. ELAB, Kirchenbuchbestand Berlin Dorotheen, Sign. 10/78, S. 248, Nr. 27
27. Die Bürgerbücher, S. 258
28. ELAB, Kirchenbuchbestand Berlin Dorotheen, Sign. 10/78, S. 280, Nr. 35
29. Nicolai, Friedrich: Beschreibung der Königlichen Residenzstädte Berlin und Potsdam aller daselbst befindlichen Merkwürdigkeiten und der umliegenden Gegend, 2. Band. Neudruck der Originalausgabe der 3. Auflage Berlin 1786, Berlin 1968, S. 752
30. ELAB, Kirchenbuchbestand Berlin Dorotheen, Sign. 10/53, S. 185, Nr. 18 (12. Oktober 1724)
31. Ebd., S. 239, Nr. 8 (15. Mai 1732)
32. Ebd., Sign. 10/54, S. 323, Nr. 22 (3. September 1743)
33. Ebd., S. 300 (ohne Nr.)
34. ELAB, Kirchenbuchbestand Bötzow, St. Nikolai, Trauregister, Sign. 23362, S. 897, Nr. 375
35. Escher, S. 398
36. Acta Generalia, Dokumente der Koepjohann'schen Stiftung betreffend Vol I 1757–1856. Abth. I Generalia No.1. Bearbeitet und mit einem Vorwort von Hans-Peter Vietze, Berlin 1995, unveröffentlichtes Mansukript, S. 8 f.
37. Ebd., S. 10
38. Landesarchiv (LAB), A Rep. 180, Nr. 252, S. 21
39. Koepjohann'sche Stiftung, Acta enthaltend gesammelte Dokumente, Briefschaften etc. welche zum ehemaligen Hessen später Koepjohannschen Grundstücke gehörend, sowie acta manualia »Koepjohann csa. Hessensche Credi-

tores u. Koepjohann csa. Hessin« 1698–1766, Abth. IV Grundstücke No. 1. Bearbeitet und mit einer Einführung von Hans-Peter Vietze, Berlin 1993, unveröffentlichtes Manuskript. König Friedrich II. an Hesses, 13. Juni 1763, S. 83
40. Ebd., Koepjohann an König Friedrich II., 6. November 1764, S.88
41. Koepjohann'sche Stiftung, Acta betreffend (in Sachen des Schiffbauers Köpjohann wieder David Vall et Cons:) die Aufstellung und Unterhaltung der Grenzzäune 1755-. Abth. IV Grundstücke No. 2. Bearbeitet und mit einer Einführung von Hans-Peter Vietze, Berlin o. J., unveröffentlichtes Manuskript. Koepjohann an die Bau Commission, S. 19 f.
42. Ebd., Koepjohann an seinen Anwalt, S. 32
43. Ebd., Koepjohann an die Bau Commission, 7. Mai 1761, S. 64
44. Ebd., Ephraim et Söhne an das Bau-Gericht, S. 10
45. Ebd., Actum Berlin, S. 14
46. Ebd., S. 14
47. Escher, S. 398
48. Nicolai, S. 552 f.
49. Geschichte der Sophienkirche von 1712 bis 1912. Festschrift zur Feier des zweihundertjährigen Bestehens der Sophiengemeinde. Im Auftrage der kirchlichen Organe dargestellt von Pastor [Wilhelm] Witte, Prediger an der Sophienkirche, Berlin 1912, S. 39
50. Contract über die Anfertigung eines Denkmahls von des Herrn Keppjan wohlseeligen Frau durch den Bildhauer Herrn Meyer, 22. Juli 1776, Original im Privatbesitz von Rolf Alpers, Stadensen
51. Witte, S. 48
52. Laackmann, George Peter: Blatt mit handschriftlichen Familienaufzeichnungen, undatiert, Original im Besitz von Rolf Alpers, Stadensen
53. Testament, Reglement & Nachträge, S. 2
54. Ebd., S. 6, Nr. 16, S. 4 f.
55. Priesdorf, Kurt von (Hrsg.): Soldatisches Führertum. Teil 3. Die preußischen Generale von 1763 bis zum Tode Friedrichs des Großen, Hamburg [1937], S. 367
56. Geheimes Staatsarchiv Preußischer Kulturbesitz, Sign. IV. HA Preußische Armee, Rep. 1 Geheime Kriegskanzlei, Nr. 51, Patent als General-Lieutenant von der Artillerie für den General-Major von Merkatz, 28. Mai 1798
57. Ebd., Sign. VI. NL Scharnhorst, Nr. 26, Brief Scharnhorsts an den General der Artillerie von Merkatz, Berlin den 13. Juni 1802
58. Testament, Reglement & Nachträge, S. 5, Nr. 10 und 11,
59. Ebd., S. 5, Nr. 14
60. Ebd., S. 5
61. Ebd., S. 6, Nr. 15
62. Ebd., S. 5
63. Ebd., S. 6
64. ELAB, Kirchenbuchbestand Berlin Sophien, Sign. 39/148, S. 55, Nr. 199
65. Testament, Reglement & Nachträge, S. 10, § 1
66. Ebd., S. 16, § 14
67. Ebd, S. 18, § 16
68. Ebd., S. 19, § 17
69. Beglaubigte und besiegelte Abschrift des Taufscheins vom 29ten Jänner 1784, Original im Besitz von Rolf Alpers, Stadensen
70. ELAB, Kirchenbuchbestand Berlin Sophien, Sign. 39/17, S. 574, Nr. 21
71. Der Laackmann- und Hölkeschen Eheverbindung freudigst gewidmet von einem aufrichtigen Freunde, M – – – s. Berlin, 22. April 1784. Gedruckt bei Carl Friedrich Rellstab, Druck im Besitz von Rolf Alpers, Stadensen
72. ELAB Kirchenbuchbestand Berlin Sophien, Sign. 39/19, S. 608, Nr. 61 (Geburt 9. Februar, Taufe 19. Februar 1785)
73. Ebd., Sign. 39/20, S. 744, Nr. 257 (Geburt 7. Oktober, Taufe 12. Oktober 1786)
74. Materna, Ingo/Ribbe, Wolfgang: Geschichte in Daten – Berlin, München/Berlin 1997, S. 107
75. Rechnungsaufstellung, 29. September 1807, Original im Besitz von Rolf Alpers, Stadensen
76. ELAB, Kirchenbuchbestand Berlin Sophien, Sign. 7148 (ohne Seitenangabe), Nr. 156
77. Ebd., Sign. 7138 (ohne Seitenangabe), Nr. 320 (19. Mai 1823)
78. Laackmann, Georg Peter: Kalender 1830 mit handschriftlichen Notizen, Original im Besitz von Rolf Alpers, Stadensen
79. Testament, Reglement & Nachträge, S. 12, § 4
80. Acta Generalia, Antwort des Oberkonsistoriums, Berlin, 22.11.1792, S. 13
81. Ebd., Stellungnahme des Executors, 16.06, 1793, S. 15
82. Ebd. S. 15

83. Ebd., S. 16
84. Testament, Regelement & Nachträge, S. 18, § 16, Nr. 3
85. Acta Generalia, Stellungsnahme des Executors, 16.06.1793, S. 16
86. Acta 1. Teil die Vermiethungen in der Koepjohannschen Stiftg. sowie die Einklagung, Ermäßigung oder Niederschlagung des Miethzines, imgleichen die Mittheilung der Miethspreise an die Servis- und Einquartierungs-Deputation betreffend. Vol I 1792–1823, cfr. vol II., Abth. IV Grundstücke No. 4. Bearbeitet von Hans-Peter Vietze, Berlin o. J., unveröffentlichtes Manuskript. Actum Berlin, 29.12.1792, S. 39
87. Ebd., Antrag auf Pachtminderung des Gärtners Peter George, S. 53.
88. Ebd., S. 62
89. Mieck, Ilja: Von der Reformzeit zur Revolution (1806–1847). In: Geschichte Berlins. Erster Band, S. 435
90. Befürwortungsschreiben für Anna Dorothea Laackmann, Havelberg, 21. Jan. 1793, Original im Besitz von Rolf Alpers, Stadensen
91. Testament, Reglement & Nachträge, S. 17, § 15
92. Acta 1. Teil die Vermiethungen, Schreiben der Polizey Deputation der Kurmärkischen Regierung Potsdam, 18. 12.1810, S. 65
93. Ebd., Verfügung der Polizeidrektion auf die Anfrage zum Fall v. Reiche, 28.04.1812, S. 77
94. Ebd., Anfrage der Königlichen Servis und Einquartierungs Commission wegen Berichtigung der Miethsteuer, Berlin, 21.10.1816, S. 98
95. Ebd., Zur Ablehnung des Mietvertrages mit Gärtner Martini, Berlin, 06.12.1816, S. 99
96. Ebd., Protest an die Regierung auf die Ablehnung des Mietvertrages, Berlin, 13. Dezember 1816, S. 101
97. Koepjoahnn'sche Stiftung, Acta 2. Teil, die Vermiethungen in der Koepjohannschen Stiftung sowie die Einklagung, Ermäßigung, oder Niederschlagung des Miethzines, imgleichen die Mittheilungen der Miethspreise an die Servis- und Einquartierung-Deputation, betreffend Vol I 1772–1823, cfr vol II, Abth. IV Grundstücke No. 4. Bearbeitet von Hans-Peter Vietze, Berlin o. J., unveröffentlichtes Manuskript. Begleitschreiben der Regierung zu den aggrobierten Mietverträgen für den ehemalige Garten, 02.05.1817, S.108
98. Ebd., Decret der Regierung zur Zaunreparatur, Ablehnung des Laackmannschen Antrags, seinen Vertrag ohne öffentliche Licitation zu verlängern, Berlin, 04.06.1817, S. 114
99. Koepjohann'sche Stiftung, Acta die Vermiethungen resp. Verpachtung der Koepjohannschen Stiftungsgrundstücke betreffend, Vol II 1823–1841, cfr vol III, Abth. IV Grundstücke No. 4. Bearbeitet von Hans-Peter Vietze, Berlin o. J., unveröffentlichtes Manuskript. Zahlungsaufforderung des Polizeipräsidiums an Oberbergrath Krieger wegen rückständiger Miete, Berlin, 25.11.1827, S. 29 f.
100. Koepjohann'sche Stiftung, Acta die Vererbpachtung eines Theils des Koepjohannschen Stiftungs-Grundstückes sowie der Verkauf dieser vererbpachteten Grundstücke imgleichen die Anlegung neuer Straßen über das Stiftungsgrundstück betreffend, Vol I 1798–1873, cfr vol II., Abth. IV Grundstücke No. 3. Bearbeitet, mit einer Einführung und mit einem Vorwort von Hans-Peter Vietze, Berlin o. J., unveröffentlichtes Manuskript. Königlicher Brief, 15.10.1798, S. 16
101. Ebd., Erklärung des Kuratoriums zum Antrag Hothos, 12.10.1815, S. 22
102. Witte, S. 80
103. Koepjohann'sche Stiftung, Acta die Vermiethungen resp. Verpachtung der Koepjohannschen Stiftungsgrundstücke betreffend, Vol II 1823–1841, cfr vol III, Abth. IV Grundstücke No.4. Bearbeitet und mit einem Vorwort von Hans-Peter Vietze, Berlin o. J., unveröffentlichtes Manuskript. Meldung des Kurators Laackmann, o. D., S. 26
104. Ebd., Ablehnung des Polizeipräsidiums auf den Vorschlag, die Stiftungswohnungen und den Holzplatz an einen Generalpächter (Barnewitz) für 1500 rt zu vermieten, 12.05.1828, S. 38
105. Ebd., Stellungnahme der Administratoren zu dem vorstehenden Antrag des Steinmetzes Huth, 15.05.1836, S. 78 f.
106. Ebd., S. 79
107. Ebd., Ablehnende Erwiderung des Polizeipräsidiums auf den Vertragsentwurf mit Steinmetzmeister Huth, Berlin, 22.02.1837, S. 83
108. Ebd., Anmerkung Schultz's, o. D., S. 84
109. Acta die Vererbpachtung, Erwiderungen der Curatoren, 15.03.1840, S. 48
110. Ebd., Ablehnung des Polizeipräsidium, 15.06.1840, S. 54

111. Ebd., Protest Hertz's, 27.01.1850, S. 70
112. Ebd., Gegendarstellung Schultz's, o. D., S. 71
113. Ebd., Ablehnung des Königlichen Konsistoriums, 10.06.1852, S. 87
114. Erbe, Michael: Berlin im Kaiserreich (1871–1918). In: Geschichte Berlins. Zweiter Band. Von der Märzrevolution bis zur Gegenwart. Mit Beiträgen von Günter Richter, Michael Erbe, Henning Köhler, Christan Engeli und Wolfgang Ribbe. Herausgegeben von Wolfgang Ribbe, 2. durchgesehene Aufl., München 1988, S. 726
115. Krause, Clemens: 300 Jahre Sophiengemeinde 1713–2013. In: 300 Jahre Sophienkirche in Berlin, herausgegeben im Auftrag des Gemeindekirchenrates der Evangelischen Kirchengemeinde Sophien von Clemens Krause. Petersberg 2013, S. 75
116. Testament, Reglement & Nachträge. 1. Nachtrag zu den Bestimmungen über die Verwaltung der Koepjohann'schen Stiftung. Einleitung, Berlin, 10.10.1898, S. 25
117. Ebd., S. 25 f., § 1 (zu § 1 Nr. 14 und 15 des Testaments)
118. Ebd., S. 26, § 2 (zu § 1 Nr. 14 und 15 des Testaments)
119. Testament, Reglement & Nachträge, S. 27, § 5 (zu Nr. 15 und 16 des Reglements)
120. Witte, S. 183
121. Baugewerks-Zeitung, No. 43/1905, 37. Jahrgang, S.539 f.
122. Koepjohann'sche Stiftung, Verwandtenverzeichnis, ohne Seitenangabe
123. Koepjohann'sche Stiftung, Verwandtenverzeichnis, ohne Seitenangabe
124. Witte, S. 184
125. Koepjohann'sche Stiftung, Acta betreffend die Koepjohannitinnen, Buchstabe K, Bericht über die Witwe Hedwig K., Berlin, 07.11.1912, ohne Seitenangabe
126. ELAB, Koepjohann'sche Stiftung, Konsistorialakten bis 1945, Bestand 14/2881
127. Koepjohann'sche Stiftung, Acta betreffend die Koepjohannitinnen, Schreiben, 12.12.1919, ohne Seitenangabe
128. Köhler, Henning: Berlin in der Weimarer Republik (1918–1932). In: Geschichte Berlins, S. 844
129. Koepjohann'sche Stiftung, Protokolle und Kassenberichte 1930–1939, Schreiben des Verwalters an die Herren Administratoren, 01.07.1933, ohne Seitenangabe
130. Ebd., Protokoll, 07.10.1935, ohne Seitenangabe
131. Ebd., Protokoll, 23.9. 1935, ohne Seitenangabe
132. Nach Auskunft des Bundesarchivs Referat R 2, Berlin, 22.01.2013
133. Protokolle und Kassenberichte 1930-1939, Protokoll, 07.10.1940, ohne Seitenangabe
134. ELAB, Sophien Gemeinde 806, Koepjohann'sche Stiftung, Jahresrechnung der Stiftungskasse für 1939, ohne Seitenangabe
135. Koepjohann'sche Stiftung, Acta betreffend die Koepjohannitinnen, Schreiben vom 10.03.1943, ohne Seitenangabe
136. Koepjohann'sche Stiftung, Chronik der Koepjohann'schen Stiftung 1945 bis 1990 von Hans Bergemann, unveröffentlichtes Manuskript, S. 1
137. Koepjohann'sche Stiftung, Unterstützungsempfänger der Koepjohann'schen Stiftung nach vorhandenen Unterlagen vom April 1945, ohne Seitenangabe
138. Nach Auskunft des Bundesarchivs Referat 2, Berlin, 01.02.2013
139. Ebd., S. 7
140. Ebd., S. 8
141. Ebd., S. 8
142. Ebd., S. 12
143. Ebd., S. 12 f.
144. Ebd., S. 22
145. Ebd., S. 24
146. Ebd., S. 25
147. Ebd., S. 32
148. Haus- und Wohnungsverwaltung »Spandauer Vorstand«, Mieterakte 290 (Firma 400), Berliner Ensemble, Nutzungsvereinbarung zwischen der Koepjohann'schen Stiftung und dem Berliner Ensemble, 10.11.1953, ohne Seitenangabe
149. Ebd., S. 35
150. Ebd., S. 37
151. Nach Auskunft des heutigen Verwalters Wolf-Dieter Schellig, Sohn des Ehepaares
152. Ebd., S. 38
153. Ebd., S. 43
154. Ebd., S. 46
155. Ebd., 63
156. http://archiv.spd-berlin.de/geschichte/geschichte-der-sdp
157. Bergemann, S. 68
158. Ebd., S. 71
159. Koepjohann'sche Stiftung, Chronik der Koepjohann'schen Stiftung 1991 bis 2005 von Hans Bergemann, unveröffentlichtes Manuskript, S. 1

160. Ebd., S. 6
161. Ebd., S. 14
162. Ebd., S. 51
163. Ebd., S. 67
164. Ebd., S. 68
165. Ebd., S. 77 f.
166. Ebd., S. 79
167. Ebd., S. 82
168. Ebd., S. 83
169. Ebd., S. 84
170. Ebd., S. 89 f.
171. Ebd., S. 92
172. Ebd., S. 111
173. Koepjohann'sche Stiftung, Protokolle 2006 bis 2012, Protokoll der Vorstandssitzung, 29.03.2006, S. 2
174. Ebd., Protokoll der Klausurtagung des Vorstandes, 22.09.2006, S. 2
175. Ebd., Schreiben an die Visitationskommission, 10.05.2007, S. 1
176. Ebd., Protokoll der Vorstandssitzung, 27.07.2007, S. 3
177. Ebd., Protokoll der Vorstandssitzung, 24.09.2007, S. 2
178. Ebd., Protokoll der Vorstandssitzung, 25.03.2009, S. 3
179. Ebd., Protokoll der Vorstandssitzung, 25.11.2009, S. 3

Auswahlbibliografie

Architekturführer Berlin. Von Martin Wörner, Doris Mollenschott, Karl-Heinz Hüter und Paul Sigel mit einer Einleitung von Wolfgang Schäche, Sechste, überarbeitete und erweiterte Aufl., Berlin 2001
Bauer, Roland: Berlin. Illustrierte Chronik bis 1870, Berlin 1988
Baugewerks-Zeitung, No. 43/1905, 37. Jahrgang
Bergemann, Hans: Chronik der Koepjohann'schen Stiftung 1945 bis 1990, unveröffentlichtes Manuskript
Bergemann, Hans: Chronik der Koepjohann'schen Stiftung 1991 bis 2005, unveröffentlichtes Manuskript
Bergemann Hans: Chronik der Koepjohann'schen Stiftung 1700 bis 2008, unveröffentlichtes Manuskript (Internetfassung)
Berliner Adressbücher 1799–1943:
- **1799** – Neander von Petersheiden, Karl: Anschauliche Tabellen von der gesammten Residenz-Stadt Berlin, worin alle Straßen, Gassen und Plätze in ihrer natürlichen Lage vorgestellt, u. in denenselben alle Gebäude oder Häuser wie auch der Name u. die Geschäfte eines jeden Eigenthümers aufgezeichnet stehe. – Berlin 1799
- **1801** – Neander von Petersheiden, Karl: Neue anschauliche Tabellen von der gesammten Residenz-Stadt Berlin oder Nachweisung aller Eigenthümer : mit ihrem Namen und Geschäfte, wo sie wohnen, die Nummer der Häuser, Strassen und Plätze, wie auch die Wohnungen aller Herren Officiere hiesiger Garnison. – 2. [Aufl.]. – Berlin 1801
- **1812** – Allgemeiner Strassen- und Wohnungsanzeiger für die Residenzstadt Berlin auf das Jahr 1812 / hrsg. von S. Sachs. – Berlin 1812
- **1818/19** – Allgemeiner Namen- und Wohnungs-Anzeiger von den Staatsbeamten, Gelehrten, Künstlern, Kaufleuten, Fabrikanten, Handels- und Gewerbetreibenden, Partikuliers, Rentiers… in der Königl. Preuß. Haupt- und Residenzstadt Berlin für das Jahr 1818 und 1819. Nach alphabet. Ordnung eingerichtet u. Hrsg. Von C. F. Wegener. Berlin 1818
- **1822** – Haus- und General-Adreßbuch der Königl. Haupt- und Residenzstadt Berlin auf das Jahr 1822. Hrsg. Von C. F. Wegener. Berlin 1822
- **1823-54** – Allgemeiner Wohnungsanzeiger für Berlin auf das Jahr: enthaltend: die Wohnungsnachweisungen aller öffentlichen Institute und Privat-Unternehmungen, aller Hausbesitzer, Beamteten, Kaufleute, Künstler, Gewerbetreibenden und einen eigenen Hausstand Führenden, in Alphabetischer Ordnung / hrsg. von J. W. Boicke. – Berlin 1823–1854
- **1859–1866** – Allgemeiner Wohnungs-Anzeiger nebst Adress- und Geschäftshandbuch für Berlin, dessen Umgebungen und Charlottenburg auf das Jahr / aus amtl. Quellen zsgest. durch J. A. Bünger. – Berlin 1859-66
- **1873–1895** – Berliner Adreß-Buch für das Jahr … Hrsg. unter Mitwirkung von H. Schwalbe (ab 1881 von W. & S. Loewenthal). – Berlin 1873–1895
- **1896–1943** – Berliner Adressbuch … : unter Benutzung amtlicher Quellen. – Berlin: Scherl 1896–1943

Demps, Laurenz: Der Schiffbauerdamm. Ein unbekanntes Kapitel Berliner Stadtgeschichte, Berlin 1995
Denkmaltopographie Bundesrepublik Deutschland. Denkmale in Berlin. Bezirk Mitte – Ortsteil Mitte. Herausgegeben vom Landesdenkmalamt Berlin, Petersberg 2003
Die Bürgerbücher und die Bürgerprotokollbücher Berlin von 1701-1750. Herausgegeben von Ernst Kaeber. Veröffentlichung der historischen Kommission für die Provinz Brandenburg und die Reichshauptstadt Berlin, I, 4, Berlin 1934
Die Prignitz und ihre Bevölkerung nach dem dreißigjährigen Kriege. Aufgrund des Landesvisitationsprotokolls von 1652 bearbeitet von Dr. Johannes Schultze, Perleberg 1928
300 Jahre Sophiengemeinde 1713-2013. Herausgegeben im Auftrag des Gemeindekirchenrates der Evangelischen Kirchengemeinde Sophien von Clemens Krause. Petersberg 2013

Eckhardt, Ulrich / Nachama, Andreas: Jüdische Orte in Berlin. Mit Feuilletons von Heinz Knobloch. Fotografien von Elke Nord, Berlin 1996

Enders, Lieselott: Die Prignitz. Geschichte einer kurmärkischen Landschaft vom 12. bis zum 18. Jahrhundert, Potsdam 2000

Feyerabend, Wolfgang: Quer durch Mitte – Die Spandauer Vorstadt, Berlin 1999

Feyerabend, Wolfgang: Quer durch Mitte – Die Friedrich-Wilhelm-Stadt, Berlin 2000

Geschichte Berlins. 2 Bde. Herausgegeben von Wolfgang Ribbe, 2. durchgesehene Aufl., München 1998

Geschichte der Sophienkirche von 1712 bis 1912. Festschrift zur Feier des zweihundertjährigen Bestehens der Sophiengemeinde. Im Auftrage der kirchlichen Organe dargestellt von Pastor [Wilhelm] Witte, Prediger an der Sophienkirche, Berlin 1912

Grüneberg, Georg: Die Prignitz und ihre städtische Bevölkerung im 17. Jahrhundert. Havelberg, Kyritz, Lenzen, Perleberg, Pritzwalk, Wittstock, Lenzen (Elbe) 1999

Grüneberg, Georg: Trauregister aus den ältesten Kirchenbüchern der Westprignitz. Von den Anfängen bis zum Jahre 1704, 3 Bde., Lenzen (Elbe) 1994–98

Heimatbuch Cotzebant / Bötzow. Historische Daten von Cotzebant / Bötzow gesammelt, zusammengestellt und aufgeschrieben vom Heimatverein Bötzow e. V. anlässlich des 650-jährigen Jubiläums des Ortes, Bötzow 2005

Heyden, Ulrich van der: Rote Adler an Afrikas Küste. Die brandenburgisch-preußische Kolonie Großfriedrichsburg an der westafrikanischen Küste, Berlin 1993

Historisch-diplomatische Beiträge zur Geschichte der Stadt Berlin. Fünfter Teil. Geschichte der Stadt. Herausgegeben von E. Fidicin, Berlin 1842. Nachdruck, Berlin 1990

Jüdisches Adressbuch für Gross-Berlin. Ausgabe 1931. Mit einem Vorwort von Hermann Simon, Berlin 1994

Jüdisches Städtebild Berlin. Herausgegeben von Gert Mattenklott. Mit einer stadtgeschichtlichen Einführung von Inka Bertz und 27 Fotografien von Wolfgang Feyerabend, Frankfurt . M. 1997

Kieling, Uwe: Berlin – Bauten und Baumeister von der Gotik bis 1945, Berlin 2003

Koepjohann'sche Stiftung:

Acta enthaltend gesammelte Dokumente, Briefschaften etc. welche zum ehemaligen Hessen später Koepjohannschen Grundstücke gehörend, sowie acta manualia »Koepjohann csa. Hessensche Creditores u. Koepjohann csa. Hessin« 1698–1766, Abth. IV Grundstücke No. 1. Bearbeitet und mit einer Einführung von Hans-Peter Vietze, Berlin 1993

Acta Generalia, Dokumente der Koepjohann'schen Stiftung betreffend Vol I 1757–1856. Abth. I Generalia No.1. Bearbeitet und mit einem Vorwort von Hans-Peter Vietze, Berlin 1995

Acta betreffend (in Sachen des Schiffbauers Köpjohann wieder David Vall et Cons:) die aufstellung und Unterhaltung der Grenzzäune 1755-. Abth. IV Grundstücke No. 2. Bearbeitet und mit einer Einführung von Hans-Peter Vietze, o. J.

Acta 1. Teil die Vermiethungen in der Koepjohannschen Stiftg. sowie die Einklagung, Ermäßigung oder Niederschlagung des Miethzines, imgleichen die Mittheilung der Miethspreise an die Servis- und Einquartierungs-Deputation betreffend. Vol I 1792–1823, cfr. vol II., Abth. IV Grundstücke No. 4. Bearbeitet von Hans-Peter Vietze, Berlin o. J.

Acta 2. Teil, die Vermiethungen in der Koepjohannschen Stiftung sowie die Einklagung, Ermäßigung, oder Niederschlagung des Miethzines, imgleichen die Mittheilungen der Miethspreise an die Servis- und Einquartierung-Deputation, betreffend Vol I 1772-1823, cfr. vol II, Abth. IV Grundstücke No. 4. Bearbeitet von Hans-Peter Vietze, Berlin o. J.

Acta die Vermiethungen resp. Verpachtung der Koepjohannschen Stiftungsgrundstücke betreffend, Vol II 1823-1841, cfr vol III, Abth. IV Grundstücke No. 4. Bearbeitet von Hans-Peter Vietze, Berlin o. J.

Acta die Vererbpachtung eines Theils des Koepjohannschen Stiftungs-Grundstückes sowie der Verkauf dieser vererbpachteten Grundstücke imgleichen die Anlegung neuer Straßen über das Stiftungsgrundstück betreffend, Vol I 1798–1873, cfr vol II., Abth. IV Grundstücke No. 3. Bearbeitet und mit einem Vorwort von Hans-Peter Vietze, Berlin o. J.

Acta die Vermiethungen resp. Verpachtung der Koepjohannschen Stiftungsgrundstücke betreffend, Vol II 1823-1841, cfr vol III., Abth. IV Grundstücke No.4. Bearbeitet und mit einem Vorwort von Hans-Peter Vietze, Berlin o. J.

Acta die Vererbpachtung eines Theils des Koepjohannschen Stiftungs-Grundstückes sowie der Verkauf dieser vererbpachteten Grundstücke imgleichen die Anlegung neuer Straßen über das Stiftungsgrundstück betreffend, Vol I 1798–1873, cfr vol II., Abth. IV Grundstücke No. 3. Bearbeitet, mit einer Einführung und mit einem Vorwort von Hans-Peter Vietze, Berlin o. J.

Protokolle der Vorstandssitzungen 2007–2012

Lexikon Alle Berliner Straßen und Plätze. Von der Gründung bis zur Gegenwart. 4 Bde. Herausgegeben von Hans-Jürgen Mende, Berlin 1998

Materna, Ingo/Ribbe, Wolfgang: Geschichte in Daten. Berlin, Berlin 1997

Meyers Konversationslexikon. Eine Enzyklopädie des allgemeinen Wissens. Dreizehnter Bd. Dritte gänzlich umgearbeitete Aufl., Leipzig 1878

Müller, Wolfgang: Die Anfänge des kurfürstlichen Schiffbaues in Berlin. In: Brandenburgische Jahrbücher, hrsg. vom Landeshauptmann der Provinz Brandenburg, Bd. 11 (Churbrandenburgische Schiffahrt), Potsdam-Berlin 1938

Neugebauer, Wolfgang: Die Geschichte Preußens. Von den Anfängen bis 1947, 4. Aufl., München-Zürich 2009

Nicolai, Friedrich: Beschreibung der Königlichen Residenzstädte Berlin und Potsdam aller daselbst befindlichen Merkwürdigkeiten und der umliegenden Gegend. Neudruck der Originalausgabe der 3. Auflage Berlin 1786, 3 Bde., Berlin 1968

Peters, Günter: Kleine Berliner Baugeschichte. Von der Stadtgründung bis zur Bundeshauptstadt, Berlin 1995

Preußen – Legende und Wirklichkeit. Bearbeitet und zusammengestellt von Peter Bachmann und Inge Knoth, 3., ergänzte Aufl., Berlin 1985

Ranke, Leopold von: Preußische Geschichte. Herausgegeben von Professor Dr. Willy Andreas, Essen, o. J.

Richter, J. W. Otto (Otto von Golmen): Benjamin Raule der General-Marine-Direktor des Grossen Kurfürsten. Ein vaterländisches Zeit- und Charakterbild aus der zweiten Hälfte des siebenzehnten Jahrhunderts, Jena/Berlin 1901

Rollka, Bodo/Spiess, Volker/Thieme, Bernhard (Hrsg.): Berliner Biographisches Lexikon, Berlin 1993

Schildt, Axel: Drei Wege deutscher Sozialstaatlichkeit: NS-Diktatur, Bundesrepublik und DDR im Vergleich. In: Schriftenreihe der Vierteljahreshefte für Zeitgeschichte, Bd. 76, herausgegeben von Hans Günter Hockerts, München-Oldenburg 1998

Schmidt, Günther: Schiffe unterm Roten Adler. Mit Rissen und Zeichnungen des Autors, Bielefeld 1986

Sterz, Herbert: Havelschiffahrt unterm Segel. Vom Fellboot zum Plauermaßkahn, Pritzwalk 2005

Verdenhalven, Fritz: Alte Maße, Münzen und Gewichte aus dem deutschen Sprachgebiet, Neustadt an der Aisch 1968

Vogt, Walter: Der Havelberger Seeschiffbau. Zugleich ein Beitrag zur Geschichte der brandenburgischen Guineakompanie. In: Brandenburgische Jahrbücher, hrsg. vom Landeshauptmann der Provinz Brandenburg, Bd. 11 (Churbrandenburgische Schiffahrt), Potsdam-Berlin 1938

Weber, Heinrich: Wegweiser durch die wichtigsten technischen Werkstätten der Residenz Berlin in 2 Teilen. Mit einem Nachwort von Erika Herzfeld. Reprint der Originlaugaben 1819-1820 nach Exemplaren der Berliner Stadtbibliothek und der Zentralbibliothek der deutschen Klassik Weimar, Berlin 1987

Zech, Hermann: Die Dorotheenstadt in Berlin-Mitte, Berlin 2000

Personenregister

Adenauer, Konrad 122
Agricola, Johann Gottfried Rudolf 75, 82
Albrecht der Bär, Markgraf von Brandenburg 15
Aumann, Sven 162

Bammel, Christina-Maria 163
Barnewitz 86, 88 ff., 92
Bechstein, Carl 114
Bechstein, Edwin 114
Bechstein, Helene 114
Behm, Karl Dieter 133 f.
Behrends 88, 90 f.
Behrens, Gert 148
Bergemann, Hans 9
Berndt, Kurt 9, 103, 106 f., 112
Bernhardt, Heike 150, 154, 156, 158
Bierdemann, Johann David 51, 58
Bismarck, Otto Fürst von 96 f., 101
Blum, Leopold 113
Bondi, Martin 114
Borsig, Johann Friedrich August 81, 88
Brasch, Johann Carl 72, 75
Brecht, Barbara 126
Brecht, Bertolt 126 ff.
Britting, Bernhard 143 f., 146
Burckhardt, Walter 103
Büttner 119 f.

Cagliostro, Alessandro Graf von (eigtl. Giuseppe Balsamo) 40
Clausewitz, Carl von 96
Clausewitz, Friedrich von 96

Derfflinger, Georg Reichsfreiherr von 18
Devermann, Volker 144, 156, 161
Dittrich, Rosemarie 158
Dorothea, Kurfürstin von Brandenburg 35
Drautzburg, Friedel 159

Eckenbrecher, von 75
Egells, Franz Anton 88
Eichbaum 85
Elisabeth, Zarin von Russland 47
Elynck, Cornelius 20
Elynck, Jost 20
Endell, August 106

Enger, Philipp 160
Eosander Freiherr von Göthe, Johann Friedrich Nilsson 40
Ephraim, Veitel Heine 46
Esebeck, von 83
Ewald 77

Fahland, Paul 114, 119
Ferdinand II., Kaiser des Heiligen Römischen Reiches 16
Fiedler, Jan 153, 159
Fietzek, Karl 157
Filhes 44 f.
Freund, Anneli 155, 158
Frick, Wilhelm 114
Friderici 76 f.
Friedländer, Leo 113 f., 116
Friedrich I., Kurfürst von Brandenburg 26, 31
Friedrich I., König in Preußen 40, 51
Friedrich II., König von Preußen 35, 42 f., 46 f., 144
Friedrich III., Kurfürst von Brandenburg, ab 1701 Friedrich I., König in Preußen 21, 24 f.
Friedrich IV., Burggraf von Nürnberg, ab 1515 Friedrich I., Kurfürst in Brandenburg 15
Friedrich August I., der Starke, Kurfürst von Sachsen, ab 1697 August II., König von Polen 40
Friedrich Wilhelm, der Große Kurfürst, Kurfürst von Brandenburg 16–19
Friedrich Wilhelm I., der „Soldatenkönig", König von Preußen 31 f., 51
Friedrich Wilhelm II., König von Preußen 61, 68
Friedrich Wilhelm III., König von Preußen 60, 67, 76, 82, 84
Friedrich Wilhelm IV., König von Preußen 96 f.

Georg Wilhelm, Kurfürst von Brandenburg 15 f.
George, Pierre 71 f.
Gerlach, Paul 114, 118 f.
Goethe, Johann Wolfgang von 51
Goldbaum 100
Goldstein, Felix 107
Golle, Johann 29
Grael, Friedrich 51
Graumann 45
Gregers, Elisabeth (siehe Elisabeth Köppe-Johann)

Gröpler, Helmuth 132 f.
Grunert, Harald 159
Grützmann, Frank 154 f.
Guhl, Matthias 142 f., 154, 158
Günther, Wilhelm 126
Gustav II. Adolf, König von Schweden 16

Hadik, Andreas, Graf von Furtak 39
Hanke, Christian 159
Hegel, Georg Wilhelm Friedrich 82
Heinrich, Prinz von Preußen 47
Helcke, Maria Elisabeth (siehe Maria Elisabeth Laackmann)
Helcke, Carl Friedrich 65
Hensel, Doris 163
Hensel, Gottfried Ludwig 66
Herrmann 70
Hertz 88, 90 ff.
Hertzberg 75
Hesse, Marie, geb. von Geert 36
Hessen 46
Heydebreck, von 79
Heyden, Adolph 103
Hildebrandt, Johannes 132 f., 138, 142 f., 147 f.
Hitler, Adolf 114
Hitzer, Otto 117
Holtzapfel, Friedrich Christian 51
Honecker, Erich 132
Hotho, Gustav Heinrich 82
Hotho, Thomas Heinrich 82 f., 88
Huth 86 f., 90

Ideler, August Friedrich 84, 86, 89 ff., 97

Johls 29
Jop, Joachim 23 f.

Karbe, Joachim 151
Karl X. Gustav, König von Schweden 16
Kehr, Rudolf 120 f., 130 ff.
Kersten, Andreas 35
Kersten Dorothea 35
Kleimeier, Siegfried 144, 148, 152, 156 f., 159, 161
Klenze, August Karl 83 f.
Knake-Werner, Heidi 159
Koepjohann, Anna Margaretha 31
Koepjohann, Anna Sophia 31, 35, 48
Koepjohann, Dorothea 31, 35
Koepjohann, Elisabeth, geb. Erdmann 29, 34

Koepjohann. Johann Friedrich 34 ff., 38, 40, 43–46, 48, 51, 55–66, 68 ff., 76, 82, 84, 90, 119, 123, 134, 139, 144 f., 157, 164
Koepjohann, Maria Elisabeth, geb. Stahlberg 9, 36, 51, 60, 161
Koepjohann, Martin 28, 31, 34 f.
Köhler, von 46
Kohlmey, Werner 119 f., 124 f.
Köppe-Johann, Anna 24
Köppe-Johann, Dorothea 24
Köppe-Johann, Elisabeth 24 f.
Köppe-Johann, Elisabeth, geb. Gregers 23
Köppe-Johann, Georg 24
Köppe-Johann, Hans 23 f.
Köppe-Johann, Joachim 24
Köppe-Johann, Jürgen 23
Köppe-Johann, Maria 23 f.
Köppe-Johann, Martin (siehe Martin Koepjohann)
Konrad III., König im Heiligen Römischen Reich 15
Konyeva, Olga G. 153
Korth, Theodor 103
Kraaz, Albert 120, 126
Kraaz, Heinz 134
Krafft 77
Kratochwil, Beate 142 f., 148, 154, 157 f., 161
Krause 44
Krause, Hugo 119, 121
Kraut, Johann Andreas 32
Krigar, Emilie, geb. Menzel 81
Krigar, Hermann 81
Krigar, Johann Friedrich 79, 81
Krogel, Wolfgang 153
Krug 75
Kühtze, Christian Ernst 58, 60, 68, 70 f., 75
Kummert, Gottfried 44
Kyllmann, Walter 103

Laackmann, Anna Dorothea, verw. Schultze 73
Laackmann, Anna Elisabeth, geb. Ziems 73
Laackmann, Anna Wilhelmina, verh. Hensel 65 f., 88
Laackmann, Johann George Peter 48, 58, 60, 64 ff., 70–73, 75, 78 f., 85 f., 88
Laackmann, Johann Joachim 65, 73
Laackmann, Maria Elisabeth, geb. Helcke (Hölke) 60, 65, 71, 75
Laackmann, Peter 35, 48, 65
Laackmann, Sophia Henrietta 65
Leonhardt, Otto Ludwig 103

Leopold II., Kaiser des Heiligen Römischen Reiches 61
Lichterfeldt, Erich 126, 136
Lier, Gijsels van 18/19
Lindemann, Gertrud 125, 129
Loebenstein, Samuel 114
Lohse, Adolph Hermann 94 f.
Louise Henriette, Kurfürstin von Brandenburg 17
Löwenstein 100
Ludwig XVI., König von Frankreich 61
Luise Auguste Wilhelmine Amalie, Königin von Preußen 81

Maizière, Lothar de 136 f., 150, 158
Marshall, George Catlett 122
Martini 76 f.
Marx, Ernst 58
Meerkatz, Johann Friedrich Ludolf von 36, 58 ff., 64, 75, 144
Meermann Heinz-Hermann 147
Menard, Eva-Maria 159 f., 162
Menzel, Adolph von 81
Meyer, Nicolaus 31, 48
Meyer, Wilhelm Christian 55 f.
Meyne, Constanze 162
Michaelis, Wilhelm Heinrich Ferdinand 62, 64 f., 68 ff., 81 f., 93
Müller von der Werra, Fritz 107
Müller (von der Werra), Friedrich Konrad 107

Napoleon Bonaparte, Napoleon I., Kaiser der Franzosen 60, 72, 76
Neumann 98
Nicolai, Friedrich 35, 47 f.

Oppeln Bronikowsky, von 79

Palt, Carola 145 f.
Pardow 93
Passauer, Martin-Michael 134, 145, 154, 159 f.
Paucke, Ernst 98
Paucke, Gertrud 120
Paucke, Heinrich 98, 113, 116, 118 f.
Peter III., Zar von Russland 47
Petsch 70
Plettner, Christian Friedrich 77, 79
Posen, Edda 114
Protz, Adam 71 f.

Raja, Maida 154
Ramos Ortiz, Miriam 161
Ranke, Leopold von 16, 31
Raule, Benjamin 19 ff., 27 f.
Ravaché 76
Reddig, Peter 142 f., 150
Reiche, von 75 f.
Reif, Otto 126
Reinke, Horst 133
Reinke, Otto 124, 126
Rellstab, Johann Carl Friedrich 65
Rellstab, Ludwig 65
Reuß, von 46
Reuter, von 85
Richter 119

Sachs, Adolf 100
Sachs, Wilhelm 100
Sachs, Nelly 100
Sachs, William 100
Sack, Johann August 73
Savigny, Friedrich Karl von 83
Schalhorn, Friedrich Wilhelm 98
Scharnhorst, Gerhard Johann David von 59
Scheel, Eva-Maria 155, 157
Scheel, Hartmut 148, 153
Schellig, Helga 129 f., 134
Schellig, Herbert 129, 134 f.
Schellig, Sieglinde 134 f.
Schellig, Wolf-Dieter 140, 150, 155
Schenk, Rüdiger 138, 143 f., 149
Schimmel, Harry 120, 124
Schindler, Alfred 113 f., 116
Schindler, Rose 113
Schinkel, Karl Friedrich 81, 95
Schleiermacher, Friedrich Daniel Ernst 84
Schlese, Paul 126, 133
Schmidt, Günther 20, 138, 142
Schmidt, Werner 130, 132
Schultz, Ernst Sigismund Ferdinand 84, 87, 89 ff., 97
Schultze, Gottlieb 35
Schultze, Karl Gottlieb 58, 68, 70 f., 73, 75
Schulze-Kolbitz, Friedrich 99 f., 103
Schweder (Schreders) 89
Sennlaub, Margarete 118
Seyring, Franz Ottomar 97 f., 103
Sophie Louise, Königin in Preußen 49, 51
Sorge 35, 97
Souchon, George 98, 103

Spaseska, Ute, verh. Stefan 149, 152
Stahlberg, Elisabeth 36
Stahlberg, Maria Elisabeth /siehe Maria Elisabeth Koepjohann)
Stahlberg, Joachim 36
Stein, Heinrich Friedrich Karl Reichsfreiherr von und zum 77
Steinert, Jörg 151
Stöcker, Adolf 103
Strauß, Friedrich 97
Strauß, Friedrich Otto 97 f.

Thiele, Bernhard Gottlieb Wilhelm 103
Tilly, Johann t'Serclaes, Graf von 16
Triest 79
Tsouloukidse 126
Tykwer, Tom 9

Ulbricht, Walter 128

Vall, Anton 45
Vall, David 43 ff.
Vietze, Hans-Peter 9
Vogel, Ferdinand 112, 114 f., 117, 120

Wagner, Joachim 58
Wallenstein, Albrecht Wenzel Eusebius von Waldstein 16

Wartenberg, Catharina Gräfin, geb. Rickers 40
Wartenberg, Johann Kasimir von Kolbe, Reichsgraf von 40
Wartensleben, Alexander Hermann Graf von 40
Weichselbaum, Joseph 113 f., 116
Weigel, Helene 126
Weller, Ralf 142 f., 148, 150
Welper 82
Wendland, Dieter 153
Wilhelm I., König von Preußen 96
Wilhelm II., deutscher Kaiser 9
Wilke, Emanuel Gustav 103
Witt, Henner 142 ff., 154, 158, 163
Witte, Paul Wilhelm Heinrich 60, 103, 106, 112
Wittgenstein, August Graf, eigtl. August David Graf zu Sayn-Wittgenstein-Hohenlohe 40
Wittkopf, Lothar 158
Wölbling, Johann David 82 f.
Woldermann 70
Wrangel, Carl Gustav 17
Wuttke, Eduard Martin Johannes 103, 106

Zelter, Carl Friedrich 51 f.
Zelter, George 51
Ziems, Anna Elisabeth (siehe Anna Elisabeth Laackmann)
Zimmerreimer, Paul 106

Abbildungsnachweis

Rolf Alpers, Stadensen 21, 55, 66

Archiv des Autors 25, 26, 50, 104, 105, 115

Bildarchiv Preußischer Kulturbesitz 28/29

Evangelische Kirchengemeinde Sophien, Berlin 49

Bert Feyerabend 8

Koepjohann'sche Stiftung, Berlin 12, 38, 39, 41, 42 (2), 106, 109, 110, 118, 133, 150, 157

Landesarchiv Berlin 94, 95, 99

Alle übrigen Fotos: Wolfgang Feyerabend, Berlin